AF372067

LE *Y* FINAL DANS LES INSCRIPTIONS MOYEN-PERSES
ET LA 'LOI RYTHMIQUE' PROTO-MOYEN-PERSE

STUDIA IRANICA. CAHIER 29

LE *Y* FINAL

DANS LES INSCRIPTIONS MOYEN-PERSES

ET LA 'LOI RYTHMIQUE' PROTO-MOYEN-PERSE

PAR

PHILIP HUYSE

ASSOCIATION POUR L'AVANCEMENT DES ÉTUDES IRANIENNES

PARIS 2003

Illustration de la couverture : Extrait des lignes 24-35 de la version moyen-perse de la grande inscription trilingue de Šābuhr Ier sur la Kaʿba-ye Zardušt à Naqš-i Rustam (avec l'aimable autorisation du « Corpus Inscriptionum Iranicarum »).

LES CAHIERS DE STUDIA IRANICA
sont publiés par
L'ASSOCIATION POUR L'AVANCEMENT DES ÉTUDES IRANIENNES
Direction des *Cahiers de Studia Iranica*
Ph. GIGNOUX et R. GYSELEN

DIFFUSION
Peeters PRESS, Bondgenotenlaan 153, P.B. 41, B-3000 Leuven (Belgique)

ISSN 0993 - 8699 — ISBN 2-910640-15-9

© ASSOCIATION POUR L'AVANCEMENT DES ÉTUDES IRANIENNES, PARIS 2003.

à Karin et Alexandre

TABLE DES MATIÈRES

AVANT-PROPOS *

Depuis Theodor Nöldeke qui en 1880 considéra le 'y final' des inscriptions moyen-perses comme "ein graphisches Schlusszeichen" [1], le thème a fait l'objet de nombreuses tentatives d'explication. Une solution entièrement satisfaisante du phénomène est toujours attendue à ce jour, de sorte que la prudence avec laquelle Werner Sundermann 1989, 139 parlait encore dans ce contexte de la "scheinbar regellosen Schreibung oder Nicht-

---

* Les sigles utilisés dans cette étude pour les inscriptions moyen-perses de l'époque sassanide et postérieures ont été repris de Gignoux 1972, 8 (mp.). Les voici : *ANRm* (Ardašīr I à Naqš-i Rustam, 3ᵉ s.), *ŠH* (Šābuhr I à Hāǰǰīābād, 3ᵉ s.), *ŠNRb* (Šābuhr I à Naqš-i Raǰab, 3ᵉ s.), *ŠTBq* (Šābuhr I à Tang-i Borāq, 3ᵉ s.), *ŠVŠ* (Šābuhr I à Veh-Šābuhr, 3ᵉ s.), *DE* (Doura Europos, 3ᵉ s.), *NVŠ* (Narseh à Veh-Šābuhr, 3ᵉ s.), *ŠPs I-II* (Šābuhr Sagānšāh à Persépolis, 4ᵉ s.), *ŠMŠ* (Šābuhr II à Meškīnšahr, 4ᵉ s.), *ŠTBn I-II* (Šābuhr II et III à Tāq-i Bustān, 4ᵉ s.), *MNFd* (Mihr-Narseh à Fīrūzābād, 5ᵉ s.), et les épitaphes *CE* (Constantinople, 9ᵉ-10ᵉ s.), *DD* (Darband, 6ᵉ s.), *ED* (Eqlīd, 7ᵉ s.), *TX I-III* (Tang-i Xošk, 7ᵉ s.), *TT I-IV* (Taxt-i Tāʾūs, 7ᵉ s.), *MD I-II* (Maqsūdābād, 7ᵉ s.), *BL* (pilier tombal à Bāγ-i Lardī, 7ᵉ s.), *VŠ I-II* (Veh-Šābuhr) et *SN* (épitaphe mp.-chin. de Sian, 9ᵉ s.). La plupart des formes des inscriptions brèves citées ici ont également été reprises de ce glossaire, à l'exception de quelques corrections occasionnelles ou d'élimination de divers mots fantômes ; en revanche, les formes moyen-perses et autres des inscriptions sassanides les plus longues du 3ᵉ s. ont été citées d'après les éditions suivantes : *ŠKZ* (Šābuhr I à la Kaʿba-i Zardušt) d'après Huyse 1999 ; *KSM* (Kerdīr à Sar Mašhad), *KNRm* (Kerdīr à Naqš-i Rustam), et *KNRb* (Kerdīr à Naqš-i Raǰab) d'après MacKenzie 1989 ; *KKZ* (Kerdīr à la Kaʿba-i Zardušt) d'après Gignoux 1991 ; *NPi* (Narseh à Pāikūlī) d'après Skjærvø 1983b. En outre, j'ai cité quantité de formes provenant d'autres inscriptions moyen-perses qui n'ont été connues qu'après la conclusion du glossaire de Gignoux 1972 ; dans ces cas, j'ai toujours renvoyé aux publications s'y rapportant (p. ex., Frye/Skjærvø 1996, Gignoux 1998, MacKenzie 1993, Skjærvø 1997, Tafazzoli 1991 et 1994-95). Beaucoup de formes attestées dans l'inscription *ŠKZ* ont par ailleurs déjà été expliquées, avec parfois force détails, dans le commentaire de mon édition de ce document ; pour plus d'explications concernant ces formes, je me permets donc de renvoyer le lecteur au volume de commentaire de cette édition (Huyse 1999/2).

[1] Nöldeke *apud* Hoffmann 1880, 281 n. 2228 ; cf. Henning 1958, 129 n. 1.

Schreibung eines stummen -*y* an Wortenden im Mittelpersischen der Inschriften", paraît tout à fait justifiée. En fait, il ne faisait que répéter l'opinion de Walter Bruno Henning 1958, 68, qui était parvenu à la conclusion suivante trois décennies auparavant : "Schon auf der ältesten uns greifbaren Stufe wird es [c.-à-d., le *y* final] ziemlich wahllos einheimischen wie fremden Wörtern angehängt, sodass es bisher nicht recht gelungen ist, diejenigen Wörter bzw. Wortgruppen zu isolieren, bei denen es ursprünglich zu Recht bestand und von denen es sich mit Hilfe der Analogie ausbreitete".

Malgré ce pessimisme affiché, j'ai voulu entreprendre dans les pages suivantes une nouvelle tentative pour isoler par une analyse systématique les mots dans lesquels le *y* final a été utilisé correctement (au début). Le présent traité est en fait un produit secondaire de mon édition de l'inscription ŠKZ, publiée en 1999 dans le cadre du *Corpus Inscriptionum Iranicarum*. Dans mon souci de dépister la logique derrière le *y* final, j'ai présenté mon étude à différentes phases de sa genèse depuis 1992 à plusieurs collègues, que je tiens à remercier vivement pour leur intérêt et leurs encouragements multiples. Je suis redevable à Manfred Mayrhofer et Rüdiger Schmitt pour des remarques isolées au tout début de mes recherches. Les remarques critiques et stimulantes du regretté D. Neil MacKenzie et, plus encore, de Nicholas Sims-Williams se sont révélées extrêmement utiles et ont fait avancer considérablement mes réflexions sur cette matière difficile et épineuse ; alors que le premier a encore lu deux versions de mon étude, le dernier a trouvé le temps et la patience d'en relire trois, en commentant d'une manière circonstanciée, et avec la grande lucidité qui lui est propre, les points faibles de mon argumentation ; en fin de compte, sa contribution pourtant importante n'est peut-être pas tellement visible, mais ceci est dû avant tout à la réécriture complète de paragraphes entiers et je ne lui en suis pas moins reconnaissant. Comme le veut la bonne tradition, il est évident qu'aucune des personnes nommées ne peut être tenue responsable en aucune façon des insuffisances de l'ouvrage présenté ici — et j'ajoute qu'elles ne partagent pas forcément toutes les thèses avancées ci-dessous. Finalement, je ne voudrais pas terminer sans adresser mes remerciements aux deux éditeurs de la série des "Cahiers de Studia Iranica", Philippe Gignoux et Rika Gyselen, qui n'ont pas hésité à accepter ce livre dans la collection. En dernier lieu, je conclus par un mot de gratitude à Christelle et Florence Jullien pour le remaniement linguistique et stylistique du texte.

Philip Huyse
(C.N.R.S. – Monde Iranien)

BIBLIOGRAPHIE

Dans le présent ouvrage, les titres de périodiques et de séries ont été écrits en mots entiers ; les noms de langues ont été abrégés d'après la liste figurant dans les volumes annuels de la « Bibliographie Linguistique » (BL), mais ces abréviations devraient en principe être compréhensibles sans l'aide de la « BL » (voir aussi l'index à la fin de cette étude). Les autres abréviations utilisées ici sont courantes et pour la plupart répertoriées dans le tableau introductif du « Petit Robert ». Pour les sigles des inscriptions moyen-perses, voir la note non numerotée dans l'avant-propos (p. 9).

AirWb = Christian Bartholomae, *Altiranisches Wörterbuch*, Straßburg, 1904 [réimpression Berlin, 1979].

Alram 1986 = Michael Alram, *Nomina Propria Iranica in Nummis* [Iranisches Personennamenbuch IV], Wien.

Andreas 1894 = Friedrich Carl Andreas, " Ambara ", *Paulys Realencyclopädie der classischen Altertumswissenschaft* I/2, 1790-95.

Back 1978 = Michael Back, *Die sassanidischen Staatsinschriften. Studien zur Orthographie und Phonologie des Mittelpersischen der Inschriften zusammen mit einem etymologischen Index des mittelpersischen Wortgutes und einem Textcorpus der behandelten Inschriften* [Acta Iranica 18], Leiden.

Bartholomae 1923 = Christian Bartholomae, " Zur Kenntnis der mitteliranischen Mundarten V ", *Sitzungsberichte der Heidelberger Akademie der Wissenschaften. Philosophisch-historische Klasse* 1923/3, 3-52.

Bečka 1969 = Jiří Bečka, *A Study in Pashto Stress*, Prague.

Beekes 1988 = Robert S. P. Beekes, *A Grammar of Gatha-Avestan*, Leiden.

Belardi 1986 = Walter Belardi, " La scrittura di fine di parola nel pahlavico dei libri ", *Studia grammatica iranica. Festschrift für Helmut Humbach*. Hrsg. von Rüdiger Schmitt und P. O. Skjærvø, München, 11-26.

de Blois 1990 = François de Blois, " The Middle-Persian Inscription from Constantinople : Sasanian or post-Sasanian ? ", *Studia Iranica* 19, 209-18.

Brunner 1977 = Cristopher J. Brunner, *A Syntax of Western Middle Iranian* [Persian Studies Series 3], Delmar (N.Y.).

—— 1981 = Id., *Compte rendu* de Back 1978, *General Linguistics* 21, 117-20.

Cantera Glera 1999 = Alberto Cantera Glera, " Die Stellung der Pahlavi-Über-setzung des Avesta innerhalb des Mittelpersischen ", *Studia Iranica* 28, 173-204.

Cardona 1970 = Georges Cardona, " The Indo-Iranian Construction *mana (mama) kr̥tam* ", *Language* 46, 1-12.

Chaumont 1973 = Marie-Louise Chaumont, " Chiliarque et curopalate à la cour des Sassanides ", *Iranica Antiqua* 10, 139-65.

Collinge 1985 = N. E. Collinge, *The Laws of Indo-European*, Amsterdam/Phila-delphia.

Emmerick 1968a = Ronald Eric Emmerick, *The Book of Zambasta. A Khotanese Poem on Buddhism* [London Oriental Series 21], London e.a.

—— 1968b = Id., " Khotanese Metrics ", *Asia Major* [N. S.] 14, 120.

—— 1973 = Id., " Khotanese Metrics again ", *Asia Major* [N. S.] 17, 137-53.

Frye 1973 = Richard N. Frye, *Sasanian Remains from Qasr-i Abu Nasr. Seals, Sealings and Coins*, Cambridge (Mass.).

Frye/Skjærvø 1996 = Id. et Prods Oktor Skjærvø, " The Middle Persian Inscription from Meshkinshahr ", *Bulletin of the Asia Institute* 10, 53-61.

Gaeng 1983 = Paul A. Gaeng, " Is it Really the Accusative? A Century-Old Controversy Revisited ", *Illinois Classical Studies* 8, 155-64.

Gauthiot 1916 = Robert Gauthiot, " De l'accent d'intensité en perse ", *Mémoires de la Société de Linguistique de Paris* 20, 1-25.

Geldner 1877 = Karl Geldner, *Ueber die Metrik des Juengeren Avesta*, Tübingen.

Gershevitch 1954 = Ilya Gershevitch, *A Grammar of Manichean Sogdian*, Oxford.

—— 1980 = Id., " The Bactrian Fragment in Manichean Script ", *Acta Antiqua Academiae Scientiarum Hungaricae* 28, 273-80.

Gignoux 1972a = Philippe Gignoux, *Glossaire des inscriptions pehlevies et par-thes* [Corpus Inscriptionum Iranicarum. Supplementary Series, Volume I], London.

—— 1972b = Id., " La construction de *ōrōn* en pehlevi ", *Studia Iranica* 1, 15-23.

—— 1984 = Id., *Compte rendu* de Back 1978, *Studia Iranica* 13, 268-73.

—— 1986 = Id., *Noms propres sassanides en moyen-perse épigraphique* [Iranisches Personennamenbuch II/2], Wien.

—— 1991 = Id., *Les quatre inscriptions du mage Kirdīr. Textes et concordances* [Studia Iranica, Cahier 9], Paris.

—— 1998 = Id., " Les inscriptions en moyen-perse de Bandiān ", *Studia Iranica* 27, 251-58.

Gignoux/Gyselen 1982 = Id. et Rika Gyselen, *Sceaux sassanides de diverses collections privées* [Studia Iranica, Cahier 1], Louvain.

—— 1987 = Idd., *Bulles et sceaux sassanides de diverses collections* [Studia Iranica, Cahier 4], Paris.

Gyselen 1989 = Rika Gyselen, *La géographie administrative de l'empire sassanide. Les témoignages sigillographiques* [Res Orientales I], Bures-sur-Yvette.

—— 2001 = Ead., *The Four Generals of the Sasanian Empire : Some Sigillographic Evidence* [Istituto Italiano per l'Africa e l'Oriente, Conferenze 14], Roma.

Harmatta 1969 = János Harmatta, " Late Bactrian Inscriptions ", *Acta Antiqua Academiae Scientiarum Hungaricae* 17, 297-432.

Harnack 1970 = Dieter Harnack, " Parthische Titel, vornehmlich in den Inschriften aus Hatra. Ein Beitrag zur Kenntnis des parthischen Staates ", *Geschichte Mittelasiens im Altertum*. Hrsg. von Franz Altheim et Ruth Stiehl, Berlin, 492-549.

Haug/West 1872 = Martin Haug et Edward W. West, *The Book of Arda Viraf*, Bombay/London.

Henning 1933 = Walter Bruno Henning, " Geburt und Entsendung des manichäischen Urmenschen ", *Nachrichten von der Gesellschaft der Wissenschaften zu Göttingen. Philosophisch-historische Klasse* 1933, 306-18 [= *Selected Papers* I [Acta Iranica 14], Leiden, 1977, 261-73].

—— 1942 = Id., " The Disintegration of the Avestic Studies ", *Transactions of the Philological Society* 1942, 40-56 [= *Selected Papers* II [Acta Iranica 15], Leiden, 1977, 151-67].

—— 1958 = Id., " Mitteliranisch ", *Handbuch der Orientalistik* I.4.1. Leiden/ Köln, 20-130.

—— 1960 = Id., " The Bactrian Inscription ", *Bulletin of the School of Oriental and African Studies* 23, 47-55 [= *Selected Papers* II [Acta Iranica 15], Leiden, 1977, 545-53].

—— 1963 = Id., *Minor Inscriptions of Kartīr together with the End of Naqš-i Rustam* [Corpus Inscriptionum Iranicarum. Part III. Volume II. Portfolio III], London.

Hettrich 1990 = Heinrich Hettrich, *Der Agens in passivischen Sätzen altindogermanischer Sprachen* [Nachrichten von der Akademie der Wissenschaften in Göttingen. Philosophisch-historische Klasse 1990/2], Göttingen.

Hirt 1929 = Hermann Hirt, *Indogermanische Grammatik*. Band V. *Der Akzent*, Heidelberg.

Hoffmann 1880 = Guido Hoffmann, *Auszüge aus syrischen Acten persischer Märtyrer*, Leipzig.

Hoffmann/Forssman 1996 = Karl Hoffmann et Bernhard Forssman, *Avestische Laut- und Flexionslehre* [Innsbrucker Beiträge zur Sprachwissenschaft 84], Innsbruck.

Horn 1898-1901 = Paul Horn, " Neupersische Schriftsprache ", *Grundriß der Iranischen Philologie* I/2, Strassburg, 1-200.

Hübschmann 1873 = Heinrich Hübschmann, *Compte rendu* de Haug/West 1872, *Zeitschrift der Deutschen Morgenländischen Gesellschaft* 27, 216-22.

—— 1895 = Id., *Persische Studien*, Strassburg.

—— 1897 = Id., *Armenische Grammatik*. Erster Teil. *Armenische Etymologie*. Leipzig [réimpression Darmstadt, 1962].

—— 1899 = Id., *Compte rendu* de Horn 1898-1901, *Indogermanische Forschungen. Anzeiger* 10, 18-41.

Huyse 1995 = Philip Huyse, " Die Mittelpersische Papyrologie : Fortschritte und Ziele einer jungen Wissenschaft ", *Indo-Iranian Journal* 38, 357-67.

—— 1998a = Id., " Kerdīr and the First Sasanians ", *Proceedings of the Third European Conference of Iranian Studies, held in Cambridge, 11th to 15th September 1995. Part 1. Old and Middle Iranian Studies.* Ed. by Nicholas Sims-Williams, Wiesbaden, 109-20.

—— 1998b = Id., " Quelques remarques sur deux mots iraniens ", *Studia Iranica* 27, 31-40.

—— 1999/1-2 = Id., *Die dreisprachige Inschrift Šābuhrs I. an der Kaʿba-i Zardušt (ŠKZ).* 2 vol. [Corpus Inscriptionum Iranicarum. Part III. Volume I. Texts I/1-2], London.

—— 2002 = Id., " Sprachkontakte und Entlehnungen zwischen dem Griechisch/ Lateinischen und dem Mitteliranischen ", *Grenzüberschreitungen – Formen des Kontakts und Wege des Kulturtransfers zwischen Orient und Okzident im Altertum.* Andreas Luther, Udo Hartmann, Monika Schuol (Hgg.) [Oriens et Occidens 3], Stuttgart, 197-234.

Justi 1895 = Ferdinand Justi, *Iranisches Personennamenbuch*, Marburg [= Hildesheim, 1963].

Kellens 1989 = Jean Kellens, " Avestique ", *Compendium Linguarum Iranicarum.* Hrsg. von Rüdiger Schmitt, Wiesbaden, 32-55.

Klingenschmitt 2000 = Gert Klingenschmitt, " Mittelpersisch ", *Indoarisch, Iranisch und die Indogermanistik. Arbeitstagung der Indogermanischen Gesellschaft vom 2. Bis 5. Oktober 1997 in Erlangen.* Hrsg. von Bernhard Forssman und Robert Plath, Wiesbaden, 191-229.

Kreyenbroek 1981 = [Philip] G. Kreyenbroek, *Compte rendu* de Back 1978, *Bibliotheca Orientalis* 38, 81-83.

Kuryłowicz 1964 = Jerzy Kuryłowicz, " L'accentuation en vieil iranien ", *Indo-Iranica. Mélanges présentés à Georg Morgenstierne à l'occasion de son soixante-dixième anniversaire*, Wiesbaden, 103-107.

—— 1968 = Id., *Indogermanische Grammatik.* Band II. *Akzent-Ablaut*, Heidelberg.

—— 1975 = Id., " L'accent du mot en v.-iranien ", *Monumentum H. S. Nyberg* I [Acta Iranica 4], Leiden, 499-507.

Lazard 1983 = Gilbert Lazard, *Compte rendu* de Back 1978, *Indo-Iranian Journal* 25, 51-53.

—— 1985 = Id., " La métrique de la poésie parthe ", *Papers in Honour of Professor Mary Boyce* II [Acta Iranica 25], Leiden, 371-99.

—— 1990 = Id., " Composition et métrique dans les Yashts de l'Avesta ", *Proceedings of the First European Conference of Iranian Studies*, Part 1. *Old and Middle Iranian Studies.* Ed. by Gherardo Gnoli and Antonio Panaino [Serie Orientale Roma LXXVII/1], Roma, 217-28.

—— 1992 = Id., *A Grammar of Contemporary Persian* [Persian Studies Series 14], Costa Mesa (Ca.)/New York.

Lazard/Grenet/De Lamberterie 1984 = Id., Frantz Grenet et Charles De Lamberterie, " Notes bactriennes ", *Studia Iranica* 13, 199-232.

Leumann 1977 = Manu Leumann, *Lateinische Grammatik.* Handbuch der Altertumswissenschaft II.2.1. *Lateinische Laut- und Formenlehre*, München, ²1977.

MacKenzie 1974 = David Neil MacKenzie, *Compte rendu* de Frye 1973, *Bulletin of the School of Oriental and African Studies* 37, 470-72.

—— 1978 = Id., " Shapur's Shooting ", *Bulletin of the School of Oriental and African Studies* 41, 499-511 [= *Iranica Diversa* I. Ed. by Carlo Cereti and Ludwig Paul [Serie Orientale Roma LXXXIV/1], Roma, 1999, 73-81 ; les quatre dernières pages de l'article original n'ont pas été réimprimées, cf. *Addenda et Corrigenda* dans 1999, 309].

—— 1982 = Id., *Compte rendu* de Back 1978, *Indogermanische Forschungen* 87, 280-97 [= *Iranica Diversa* I. Ed. by Carlo Cereti and Ludwig Paul [Serie Orientale Roma LXXXIV/1], Roma, 1999, 159-76].

—— 1986 = Id., *A Concise Pahlavi Dictionary*, London (¹1971, with corrections).

—— 1989 = Id., " Kerdir's inscription: Synoptic Text in Transliteration, Transcription, Translation and Commentary ", *The Sasanian Rock Reliefs at Naqsh-i Rustam. Naqsh-i Rustam 6. The Triumph of Shapur I (together with an Account of the Representations of Kerdir).* Ed. by Georgina Herrmann, D. N. MacKenzie and Rosalind Howell Caldecott [Iranische Felsreliefs I. Iranische Denkmäler. Lieferung 13, Reihe II I, 6], Berlin, 35-72 [= *Iranica Diversa* I. Ed. by Carlo Cereti and Ludwig Paul [Serie Orientale Roma LXXXIV/1], Roma, 1999, 217-73].

—— 1993 = Id., " The fire altar of happy *Frayosh ", *Bulletin of the Asia Institute* 7, 105-109.

Mayrhofer 1989 = Manfred Mayrhofer, " Vorgeschichte der iranischen Sprachen; Uriranisch ", *Compendium Linguarum Iranicarum.* Hrsg. von Rüdiger Schmitt, Wiesbaden, 4-24.

Meillet 1900 = Antoine Meillet, " La déclinaison et l'accent d'intensité en perse ", *Journal Asiatique* 15 (9e série), 254-77.

Morgenstierne 1970 = Georg Morgenstierne, " Notes on Bactrian Phonology ", *Bulletin of the School of Oriental and African Studies* 33, 125-31.

—— 1973 = Id., " Traces of Indo-European Accentuation in Pashto ? ", *Norsk Tidsskrift for Sprogvidenskap* 27, 61-65.

—— 1983 = Id., " Bemerkungen zum Wort-Akzent in den Gathas und im Paschto ", *Münchener Studien zur Sprachwissenschaft* 42, 167-75.

Nyberg 1928 = Henrik Samuel Nyberg, *Hilfsbuch des Pehlevi.* I, Uppsala.

—— 1964 = Id., *A Manual of Pahlavi.* I, Wiesbaden.

—— 1974 = Id., *A Manual of Pahlavi.* II, Wiesbaden.

Pisowicz 1984 = Andrzej Pisowicz, " The Development of the Middle Persian System of Obstruents ", *Middle Iranian Studies. Proceedings of the*

International Symposium Organized by the Katholieke Universiteit Leuven from the 17ᵗʰ to the 20ᵗʰ of May 1982. Ed. by Wojciech Skalmowski and Alois Van Tongerloo [Orientalia Lovaniensia Analecta 16], Leuven, 15-24.

——— 1985-86 = Id., *Compte rendu* de Back 1978, *Folia Orientalia* 23, 342-46.

Rasmussen 1991 = Jes E. Rasmussen, *Compte rendu* de Beekes 1988, *Kratylos* 36, 109-16.

Rossi 1987 = Adriano V. Rossi, "Sprachübergänge und historische Übergänge in der iranistischen Literatur ", *Transition Periods in Iranian History. Actes du symposium de Fribourg-en-Brisgau (22-24 mai 1985)* [Studia Iranica, Cahier 5], *s.l.* [Paris], 205-15.

Schmitt 1980 = Rüdiger Schmitt, " Zu Sprache und Wortschatz der Sāsānideninschriften ", *Wiener Zeitschrift für die Kunde des Morgenlandes* 72, 61-82.

——— 1984 = Id., " Zur Ermittlung von Dialekten in altiranischer Zeit ", *Sprachwissenschaft* 9, 183-207.

——— 1988 = Id., *Compte rendu* de Gignoux/Gyselen 1987, *Studia Iranica* 17, 266-71.

——— 1989 = Id., " Altpersisch ", *Compendium Linguarum Iranicarum*. Hrsg. von Rüdiger Schmitt, Wiesbaden, 56-85.

——— 1997 = Id., " Notgedrungene Beiträge zu westiranisch *st* versus *št* oder : Epigraphik und historische Dialektologie ", *Incontri Linguistici* 20, 121-30.

——— 2001 = Id., *Compte rendu* de Huyse 1999, *Kratylos* 46, 213-15.

Schwartz 1974 = Martin Schwartz, " Irano-Tocharica ", *Mémorial J. de Menasce*. Éd. par Philippe Gignoux et Ahmad Tafazzoli, Louvain, 399-411.

Sihler 1995 = Andrew L. Sihler, *New Comparative Grammar of Greek and Latin*, New York/Oxford.

Sims-Williams 1981 = Nicholas Sims-Williams, " Notes on Manichaean Middle Persian Morphology ", *Studia Iranica* 10, 165-76.

——— 1984 = Id., " The Sogdian 'Rhythmic Law' ", *Middle Iranian Studies. Proceedings of the International Symposium Organized by the Katholieke Universiteit Leuven from the 17ᵗʰ to the 20ᵗʰ of May 1982*. Ed. by Wojciech Skalmowski and Alois Van Tongerloo [Orientalia Lovaniensia Analecta 16], Leuven, 203-15.

——— 1985a = Id., *The Christian Sogdian manuscript C2* [Berliner Turfantexte XII], Berlin.

——— 1985b = Id., " A Note on Bactrian Phonology ", *Bulletin of the School of Oriental and African Studies* 48, 111-16.

——— 1989a = Id., " Sogdian ", *Compendium Linguarum Iranicarum*. Hrsg. von Rüdiger Schmitt, Wiesbaden, 173-92.

——— 1989b = Id., " Bactrian ", *Compendium Linguarum Iranicarum*. Hrsg. von Rüdiger Schmitt, Wiesbaden, 230-35.

——— 1990 = Id., " Aspects of the Development of Nominal Morphology in Khotanese and Sogdian ", *Proceedings of the First European Conference of Iranian Studies*, Pt. 1. *Old and Middle Iranian Studies*. Ed. by Gherardo

Gnoli and Antonio Panaino [Serie Orientale Roma LXXVII/1], Roma, 275-96.

—— 1997 = Id., " The denominal suffix -*ant*- and the formation of the Khotanese transitive perfect ", *Sound Law and Analogy. Papers in Honor of Robert S. P. Beekes on the Occasion of his 60th Birthday*. Ed. by Alexander Lubotsky, Amsterdam/Atlanta (GA), 317-25.

—— 2000 = Id., *Bactrian Documents from Northern Afghanistan. I. Legal and Economic Documents*. Studies in the Khalili Collection, Vol. III [Corpus Inscriptionum Iranicarum. Part II. Volume VI], Oxford.

Sims-Williams/Cribb 1996 = Id. et Joe Cribb, " A New Bactrian Inscription of Kanishka the Great ", *Silk Road Art and Archaeology* 4, 75-142.

Skjærvø 1983a = Prods Oktor Skjærvø, " Case in Inscriptional Middle Persian, Inscriptional Parthian and the Pahlavi Psalter ", *Studia Iranica* 12, 47-62 et 151-81.

—— 1983b = Id., *The Sassanian inscription of Paikuli*. 3.1/2, Wiesbaden.

—— 1985 = Id., " Remarks on the Old Persian Verbal System ", *Münchener Studien zur Sprachwissenschaft* 45, 211-27.

—— 1989a = Id., " Pashto ", *Compendium Linguarum Iranicarum*. Hrsg. von Rüdiger Schmitt, Wiesbaden, 384-410.

—— 1989b = Id., " Verbal Ideograms and the Imperfect in Middle Persian and Parthian ", *Études irano-aryennes offertes à Gilbert Lazard*. Réunies par Charles-Henri de Fouchécour et Philippe Gignoux [Studia Iranica, Cahier 7. Paris], 333-54.

—— 1997 = Id., " The Joy of the Cup : A Pre-Sasanian Middle Persian Inscription on a Silver Bowl ", *Bulletin of the Asia Institute* 11, 93-104.

—— 2001 = Id., *Compte rendu* de Huyse 1999, *Orientalistische Literaturzeitung* 96, 286-88.

Sommer/Pfister 1977 = Ferdinand Sommer et Raimund Pfister, *Handbuch der lateinischen Laut- und Formenlehre. Band I. Einleitung und Lautlehre*, Heidelberg, ⁴1977.

Sundermann 1989 = Werner Sundermann, " Mittelpersisch ", *Compendium Linguarum Iranicarum*. Hrsg. von Rüdiger Schmitt, Wiesbaden, 138-64.

Szemerényi 1967 = Oswald Szemerényi, " Iranica II, 9-31 ", *Sprache* 12, 190-226 [= *Scripta minora* IV, Innsbruck, 1991, 1855-1891].

—— 1970 = Id., " Iranica III, 32-43 ", *W. B. Henning Memorial Volume*. London, 417-26 [= *Scripta minora* IV, Innsbruck, 1991, 1893-1902].

Tafazzoli 1991 = Ahmad Tafazzoli, " L'inscription funéraire de Kāzerun II (Parīšān) ", *Studia Iranica* 20, 197-202.

—— 1994-95 = Id., " Two funerary inscriptions in cursive Pahlavi from Fars ", *Orientalia Suecana* 43-44, 177-82.

Tedesco 1921 = Paul Tedesco, " Dialektologie der westiranischen Turfantexte ", *Le Monde Oriental* 15, 184-258.

—— 1923 = Id., " *a*-Stämme und *aya*-Stämme im Iranischen ", *Zeitschrift für Indologie und Iranistik* 2, 281-315.

—— 1926 = Id., "Ostiranische Nominalflexion", *Zeitschrift für Indologie und Iranistik* 4, 94-166.

Thordarson 1990 = Fridrik Thordarson, "Old Ossetic accentuation", *Iranica Varia. Papers in Honor of Professor E. Yarshater* [Acta Iranica 30], Leiden, 256-66.

Tremblay 2001 = Xavier Tremblay, *Pour une histoire de la Sérinde. Le manichéisme parmi les peuples et religions d'Asie Centrale d'après les sources primaires* [Sitzungsberichte der Österreichischen Akademie der Wissenschaften 690], Wien.

Weber 1992 = Dieter Weber, *Ostraca, Papyri und Pergamente* [Corpus Inscriptionum Iranicarum. Part III. Volume IV-V], London.

—— 1996 = Id., *Pahlavi Phonology*, Moringen (private printing).

Wiesehöfer 1994 = Josef Wiesehöfer, *Die ,dunklen Jahrhunderte' der Persis. Untersuchungen zu Geschichte und Kultur von Fārs in frühhellenistischer Zeit (330-140 v. Chr.)* [Zetemata 90], München.

Windfuhr 1975 = Gernot L. Windfuhr, *Compte rendu* de Gignoux 1972, *Journal of the American Oriental Society* 95, 296-98.

1. ÉTAT DE LA QUESTION

1.1. Déjà vers la fin du 19ᵉ siècle, Heinrich Hübschmann avait fait un rapprochement entre le *y* final dans les inscriptions moyen-perses et le petit trait vertical — alors oblique à l'époque, pour des raisons typographiques — à la fin absolue de nombreux mots en pehlevi récent des livres [2]. Une interprétation avait longtemps été cherchée pour comprendre la présence de ce petit trait vertical. L'explication de ce signe mystérieux se complique d'autant plus qu'il coïncide malheureusement avec la lettre commune *W/N/R/O* en pehlevi des livres. De ce fait, Martin Haug et Edward William West 1872, XXXVIII ont d'abord voulu interpréter le trait final comme un *o* ; face à cette hypothèse, Hübschmann a toutefois vite émis des doutes [3]. Mais Haug et West avaient fait une autre observation intéressante : "The MSS. which seem to have been rarely copied, such as the Dîn-kard and Nîrangistân [...] add the extra nun to a final nun oftener than they omit it, but they also add it to most words ending in T, K, P, and C" (Haug/West 1872, XXXVIII).

Cette 'règle' purement descriptive fut ensuite précisée par Henrik Samuel Nyberg pour lequel "the silent final stroke is always put after Iranian nouns ending in the letters *b*, *c*, *k*, *n* (= *w* and *r*), *p*, *t*, but not after some adverbs (*ʾpʾc*, *cygwn*, *prʾc*), and not after *-k* in the ending *-ak* = *-āk*, and *-yk* = *-īk*, nor after final *-b* (in reality a *d*) in the ending *-yb* for *-yd* = *-ē*" [4]. Ceci et

---

2 Hübschmann 1899, 31 : "Es [c.-à-d., le *y* final] muss doch kein notwendiger Bestandteil des gesprochenen persischen Wortes gewesen sein, wenn man es so einfach beiseite lassen konnte. Es verhält sich damit doch wohl nicht anders als mit dem am Ende vieler Pehleviwörter der Bücher erscheinenden, von West *ô* gelesenen Striches, dem Niemand einen Wert für die gesprochene Sprache zuschreibt". Néanmoins, il remarque : "... der [c.-à-d., le trait] übrigens nur ausnahmsweise denselben Wörtern zugesetzt ist wie das ältere *ē* der Inschriften und Münzen" etc. (*ibid.*, n. 3).

3 Hübschmann 1873, 218 : "Die Identificirung von p[e]hl[evi] ' mit z[end] *ô* oder *âo*, wie sie p. XXXVIII gelehrt wird, ist ebensowenig gerechtfertigt wie die von *rubâno* (p. XLI) mit z[end] *urvânô* (pl.), *srûbo* mit *srvâo* etc.".

4 Nyberg 1964, IX. Pour l'état de la question depuis Haug/West et avant Nyberg, voir au mieux Belardi 1986, 11-17.

l'analogie qu'avait soupçonnée auparavant Nyberg 1928, 6 entre le trait final
et le *ʾālef* après *w* final dans des formes verbales arabes (montrant au lecteur
que ce graphème <*w*> appartient encore au même mot et non pas au suivant)
ont finalement conduit Walter Belardi à une interprétation à mon avis pleinement convaincante du trait final en pehlevi des livres.

1.2. En effet, Belardi 1986, 18 avait observé très justement que les lettres
b, *c* (*ṣ*), *k*, *n* [= *w* et *r*], *p* et *t*, après lesquelles, seules, le trait fait son apparition, sont, sans exception, conçues de telle sorte qu'*elles ne peuvent être
reliées vers la gauche avec la lettre suivante.* La raison pour écrire ou ne pas
écrire le trait devrait par conséquent être du domaine *graphique* ; le signe
devient alors un moyen servant à désigner au lecteur qu'un mot se termine
par la lettre précédant immédiatement ce trait. Car, tandis que dans le cas des
lettres pouvant être reliées vers la gauche, la fin du mot est déjà marquée
visuellement par la non-liaison, cette indication, sautant tout de suite aux
yeux, manque au lecteur dans le cas de toutes les autres lettres finales, si bien
qu'il faut marquer la fin du mot par un signe complémentaire.

Que l'on ait choisi la lettre commune *W/N/R/O* pour un tel signe s'explique d'abord selon Belardi 1986, 19 par le fait que cette lettre elle-même ne
peut être reliée vers la gauche ; ensuite, elle constitue graphiquement la forme
la plus simple des six lettres qui ne peuvent être reliées vers la gauche ; enfin,
le risque d'une confusion à cause des différentes possibilités d'interprétation
du trait — soit comme plein son soit comme signe final — dans le cas d'une
suite de deux ou plusieurs de ces signes est minime.

1.3. Comme chacun sait, l'utilisation du signe final [1] varie selon les manuscrits. En cas de besoin, le scribe pouvait se servir de ce moyen pour éco-
nomiser du parchemin coûteux ; au lieu de laisser un petit espace libre entre
les mots, il pouvait gagner un peu de place en utilisant ce signe. C'est pourquoi le trait final manque pratiquement toujours après les araméogrammes :
un lecteur exercé n'a en effet guère de problème à reconnaître d'un seul coup
d'œil des araméogrammes dans le graphisme, de sorte que dans ces cas-là on
pouvait se passer d'un signe particulier pour noter la fin d'un mot. La même
chose vaut par ailleurs pour certains lexèmes récurrents, comme des adverbes, prépositions et mots se terminant sur des suffixes graphiquement bien
caractérisés tels que *-āg*, *-īg* etc.

Par sa simplicité géniale, l'interprétation du trait final par Belardi réussit
non seulement à expliquer pourquoi celui-ci suit un mot ou pas dans des
circonstances 'normales', mais aussi pourquoi il n'est pas écrit dans certains
cas où Nyberg (cf. ci-dessus 1.1.) et d'autres l'auraient attendu.

1.4. Ceci devrait avoir résolu une fois pour toutes l'énigme du trait final en pehlevi des livres ; mais les problèmes ne font que réellement commencer, une fois que l'on essaie avec Hübschmann (cf. ci-dessus 1.1.) de mettre en rapport ce signe avec le *y* final des plus anciennes inscriptions moyen-perses. Il est vrai qu'une observation paléographique très perspicace de Henning ne laisse pas de doute quant au fait que le signe final récent des livres provienne *formellement* du *y* final plus ancien des inscriptions [5]. Mais d'un point de vue *fonctionnel* un changement a dû se produire : il ne faut pas chercher trop longtemps pour trouver dans les inscriptions moyen-perses des mots se terminant par une des six lettres (*b*, *c* (*s*), *k*, *n/w/r*, *p*, *t* ; cf. ci-dessus 1.1. et 1.2.) sans pour autant présenter un *y* final. Comparer à titre d'exemple : *lwtstʾk* */rōdstāg/* > /rōstāg/ (CE 2) 'district', *wlhlʾn* */Warhrān/* > /Wahrām/ [n. pr. masc.] (ŠKZ 25 etc.), *dpyr* /dibīr/ 'scribe' (ŠKZ 34 etc.), *štrp* /šasab/ 'satrape, gouverneur' (ŠKZ 32 etc.) ou encore le théonyme fém. *ʾnhyt* /Anāhīd/ (KKZ 8), etc. La théorie proposée par Nöldeke d'un signe final graphique (voir ci-dessus *avant-propos*) ne peut donc être correcte. En outre, déjà Haug/West 1872, 38 avaient constaté que les manuscrits les plus anciens — c.-à-d. ceux qui sont les plus proches dans le temps des inscriptions moyen-perses — avaient tout simplement été les plus économiques à l'usage du signe final [6].

1.5. Depuis désormais plus d'un siècle, un effort intensif a été fait pour expliquer l'apparition du *y* final dans les inscriptions moyen-perses. Au 19e siècle encore, Friedrich Carl Andreas pensait : "Das auslautende *ê* entspricht der alten Genetivendung *ahya*, denn dieser Casus, der im jüngeren Mittelîrânischen von der ganzen Nominalflexion allein übriggeblieben ist, ist dort

---

[5]   Henning 1958, 129 : "Es lässt sich noch ziemlich genau verfolgen, wie das finale -*y*, ursprünglich mit innerem -*y* identisch, allmählich eine besondere Form annimmt, sich hintenüberlegt, um einen nach unten hin offenen Halbkreis zu bilden, sich dann fast in einen horizontalen Strich verflacht [...], schliesslich sich vorn erhebt und so allmählich aus der Horizontalen in die Vertikale übergeht".

[6]   Comparer encore Belardi 1986, 26 n. 26 : "Ma dal punto di vista della funzione, se è vero quanto Haug e West dicono circo l'uso di -N nei mss. pahlavici più antichi (il più antico a noi noto è del 1323 dopo C.!), e cioè che -N era aggiunto, ma non sempre, solo a parola terminante con -N, bisognerebbe concludere che non esiste vera e propria continuità tra -Y delle iscrizioni e -N della corsiva pahlavica forse già nel suo primo attestarsi su pergamena: quanto al motivo dell'impiego ogni nesso verrebbe aʻ mancare".

infolge dessen der Normalcasus" (Andreas 1894, 1794sq.) [7]. Cette remarque, même si elle n'a été faite qu'en passant dans un article d'encyclopédie consacré à un autre domaine, a provoqué au cours des années suivantes de véhémentes discussions entre partisans et adversaires. L'un des premiers et plus vifs adversaires, Hübschmann 1895, 272 a réprouvé l'opinion d'Andreas tout de suite après, ce qui n'a pas empêché Paul Horn 1898-1901, 100 de parler à son tour de la "verallgemeinerte Genetivendung des Singulars der mask. *a*-Deklination ap. *ahya*" dans le *Grundriß der Iranischen Philologie*.

À la suite de cette prise de position, Hübschmann a émis une deuxième fois avec plus de détails ses réserves dans un compte rendu de la contribution de Horn. Elles peuvent être résumées comme suit : puisque d'une part les pronoms en persan moderne, au singulier comme au pluriel, remontent au génitif vieux-perse [8] et que d'autre part les formes du pluriel des substantifs en persan moderne remontent au génitif pluriel des thèmes en -*a*- [9], on conçoit aisément dans un premier temps que les formes du singulier des substantifs en persan moderne doivent également remonter au génitif singulier vieux-perse des thèmes en -*a*-, autrement dit, par exemple, pers. mod. *asp* 'cheval' remonte à vp. **aspahạyā* [10]. Ceci n'est toutefois pas compatible — et c'est la première objection de Hübschmann — avec les règles phonologiques connues du (moyen-perse et du) persan moderne : à ses yeux, vp. **aspahayā* aurait dû se développer en pers. mod. [†]*aspih* d'après le modèle de vp. **vahyah-* 'mieux' > mp. *weh* 'mieux, bon' > pers. mod. *bih* 'bon' ou au moins en pers. mod. [†]*aspē* (de **-ay* plus ancien) selon le modèle vp. **avahạyā* > mp./pers. mod. *ōy* 'celui-là'. De ce -*ē* < **-(a)hạyā* on ne re-

---

7   Selon ses propres dires, Andreas était déjà parvenu à cette conclusion bien plus tôt, car à la page 6 d'une lettre datée du 27 août 1894 et adressée à Theodor Nöldeke, il écrivait : "Im Jahre 1881, kurz nach meiner Rückkehr aus Persien, fand ich, daß das auslautende J der Sassanideninschriften der alten Genetivendung ahya entspreche, daß also der Genetiv im Singular in ähnlicher Weise im späteren Mitteliranisch der allein herrschende Kasus geworden sei wie im Plural". (Cette lettre a été rééditée dans *Iranische Mitteilungen* 19/2, 1989, 62-72 avec copie de l'original manuscrit aux pp. 73-88 ; l'explication circonstanciée du *y* final se trouve aux pp. 65-68 [citation p. 65]).

8   Cf. p. ex. pers. mod. *man* 'je' < vp. *manā* 'de moi', pers. mod. *mā* 'nous' < vp. *amāxam* 'de nous' etc.

9   Cf. p. ex. pers. mod. *aspān* '(les) chevaux' < vp. **aspānām* '(des) chevaux'.

10   Un autre indice corroborant cette thèse se trouve dans le fait que la flexion des thèmes en -*a*- s'est également imposée dans les thèmes consonantiques vers la fin de l'époque achéménide.

trouve en outre — et voilà la deuxième objection de Hübschmann — pas la moindre trace dans les mots arméniens et syriaques empruntés au persan [11].

Pour ces raisons, Hübschmann 1899, 32 restait alors sur sa position antérieure : "[...] aber ich leugne durchaus, dass im Pehlevi oder älteren Mittelpersisch die Substantiva in der Regel auf *-ē* = ap. *ahyā* ausgingen und es später abgeworfen haben". Après ce compte rendu de Hübschmann, Antoine Meillet a finalement tenté de réfuter les arguments du premier dans son article maintenant devenu célèbre sur l'accent iranien — j'y reviendrai plus loin —, en partant d'une désinence non accentuée *-ahạyā* (p. ex. **kā́mahạyā*), qui en fin de compte "s'est réduite à cet élément bref et non accentué qui est noté par ⅃ dans les inscriptions pehlevies ; cet élément même est tombé bientôt et déjà les inscriptions ne le conservent pas toujours" (Meillet 1900, 257). À la différence d'Andreas et de Horn, Meillet n'a donc pas vu un *-ē* à l'origine du signe, mais plutôt l'indication d'une voyelle *brève*.

1.6. Après ce débat animé au tournant de l'avant-dernier siècle, la discussion concernant le *y* final s'est arrêtée pendant plusieurs décennies, jusqu'au moment où Henning 1958, 67-69, sans toutefois pouvoir expliquer le phénomène, écrivit quelques réflexions intéressantes sur le sujet. Il réfuta la théorie selon laquelle mp. *-y* remonte à vp. *-ahạyā*, car il ne pouvait imaginer une telle prolifération de la désinence du génitif singulier des thèmes en *-a-*, comme semblent le suggérer le thème en *-r-* *'twry* /ādur/ '(sanctuaire du) feu' (ŠVŠ 1) [12] < v.-iran. **ātṛ-* ou le thème original en *-n-* *l'my* /rām/ 'paix' (NPi 34 F11,05) < v.-iran. **rāman-* et d'autres exemples. De plus, dans certaines positions, *-y* semble perpétuer v.-iran. *-ĭ* ou *-ăi̯*, comme en *l'dy* /rāy/ 'pour, à cause de' < vp. *rādiy* (KSM 11) ou dans la désinence de l'infinitif *-tny* < v.-iran. **-tanai̯* ; mais en même temps, le signe apparaît aussi dans les participes parfaits passifs, où il n'est pas facilement explicable. Les conclusions les plus importantes de Henning étaient cependant celles-ci : "dass das Schluss-*y*

---

[11] Cf. p. ex. arm. *azat*, et non pas †*azati* pour v.-iran. **āzāta-*, mp. *āzād* 'noble, libre'. Déjà Horn 1898-1901, 5 avait essayé d'expliquer l'absence de *-ē* dans les emprunts arméniens en comparant les emprunts araméens en iranien ; le plus souvent, ceux-ci présentent le *status emphaticus* en forme d'un *-ā/a* et ils ont été intégrés en iranien à une époque où les trois *status* étaient encore pleinement utilisés en araméen. De l'avis de Horn, la cause de la non-apparition d'un *-ē* dans les emprunts arméniens viendrait alors du fait que les mots perses n'avaient été intégrés en arménien qu'à une date où ils avaient déjà perdu leurs désinences vieux-perses.

[12] Dans ce qui suit, j'ai généralement renoncé à énumérer *toutes* les attestations de tel ou tel mot dans les inscriptions moyen-perses, sauf si cela me paraissait important d'une manière ou d'une autre pour l'argumentation.

des Mittelpersischen schon des 3. Jhdts. nur ein weiteres 'pseudo-historisches' Element ist ; einen wirklich gesprochenen Vokal bringt es in persischen Worten niemals zum Ausdruck" (1958, 68) et "fest steht, dass schon im 3. Jhdt., also zu Beginn der Zeit, in der das Mittelpersische wirklich fassbar wird, dass Schluss-*y* zu einem rein orthographischen Ornament herabgesunken war" (*ibid.*, 69).

1.7. Cette idée de Henning regardant la valeur non-phonologique du -*y* (cf. déjà Hübschmann, n. 2 !) a ensuite largement été acceptée [13], jusqu'à ce que Michael Back la conteste dans sa thèse de doctorat fribourgeoise. De manière assez audacieuse, il considéra le *y* final comme "eine mater lectionis für /ə/" (Back 1978, 39). Dans une hypothèse au demeurant fort intéressante mais guère exacte dans tous ses détails (pour laquelle il s'est inspiré de la loi dite rythmique du sogdien, découverte par Paul Tedesco 1923 et 1926 et ensuite affinée avant tout par Nicholas Sims-Williams 1984), il formula en définitive un 'spätaltpersisches Rhythmusgesetz' comme suit : "Das Schluß-y, das Schwächungsprodukt jeder altir[anischen] Endung von der Struktur : auslautender Vokal ± Konsonant, ging im Sp[ät]a[lt]p[ersischen] verloren, wenn in mehrsilbigen 'Stämmen' eine von Natur lange Silbe unmittelbar vorausging. Bei allen anderen sp[ät]a[lt]p[ersischen] Worttypen aber blieb es bewahrt, d.h. bei einsilbigen 'Stämmen' mit kurzem oder langem Vokal und bei mehrsilbigen 'Stämmen', wenn die unmittelbar vorausgehende Silbe, betont oder unbetont, kurz war" (Back 1978, 41) [14].

1.8. De façon méritoire, Back a également essayé de dépister les différentes étapes conduisant à cette loi (descriptive). À cette fin, il se référa à la

---

[13] Cf. p. ex. Nyberg 1964, 131 : "In the Pers. inscriptions most nouns in the sing. end in -*y* which originally denoted the ending -*ē* of the oblique case [ceci est basé sur Andreas et d'autres ; cf. ci-dessus 1.5. et n. 7]. Already in the inscriptions the ending seems to have lost its proper value, and -*y* to have become a purely graphical addition". Comparer aussi le point de vue de Harnack 1970, 511 selon qui "geschriebenes *y* keine lautliche Funktion mehr hat".

[14] Comparer déjà avec Windfuhr 1975, 297 : "The evidence of the glossary [c.-à-d. de Gignoux 1972] makes it almost certain that the occurrence and non-occurrence in epigraphic Pahlavi of this final (*y*) must earlier have been conditioned by a juncture rule, which may be formulated as follows : (*y*) does not occur 1) after final consonantal clusters, 2) after long vowel + final (written) voiceless stops and *n* in polysyllabic words. This rule has exceptions, such as after *r*, *l*, or in -*pty* 'master' and regularly in the abstract ending -*yhy*; also in proper names and, of course, in verbal forms. Nevertheless, it does indicate the reflex of some earlier productive (rhythmic?) pause-rule".

théorie d'accentuation de Meillet 1900, 270-77, que Robert Gauthiot 1916 avait consolidée : pour le vieil-avestique des Gāθās, Meillet avait soupçonné une loi proche de celle valable en latin à l'époque classique, impliquant entre autres que "cet accent tombe sur la pénultième de tout dissyllabe et, dans le cas des polysyllabes, sur la pénultième si celle-ci est longue, sur l'anté-pénultième si la pénultième est brève" (Meillet 1900, 271). Un argument de poids en faveur de la thèse de Meillet est la syncope de syllabes posttoniques dans des mots de structure syllabique : $-̆ ⌣ x$, p. ex. v.-iran. *u̯ísatī* > mp. *wīst* > pers. mod. *bīst* [15]. La contribution de Gauthiot 1916, 11 et 17 consista pour sa part à distinguer différents types d'accentuation : 1. x́ ⌣ resp. x́ ⌣ x "l'accent fixe" (nom. **sáka*, gén. **sákahại̯a*) ; 2. x $-̄$ ⌣ resp. x $-̄$ ⌣ x "l'accent fixe" (nom. **namā́ča*, gén. **namā́čahại̯a*) ; 3. x́ ⌣ ⌣ resp. x ⌣ ⌣ x "l'accent mobile" (nom. **i̯ázata*, gén. **i̯azátahại̯a*). Outre la thèse de Meillet et Gauthiot, il y a aussi celle de Jerzy Kuryłowicz, qui dans ses travaux les plus récents, était parvenu à une opinion divergente par rapport à ses convictions antérieures : l'accentuation iranienne se serait développée à partir d'une accentuation semblable à celle du védique et aurait évolué vers un système avec une accentuation générale de la pénultième (cf. Kuryłowicz 1975). Sa théorie repose surtout sur la réduction ou la syncope de syllabes *prétoniques* [16].

1.9. Selon Back 1978, 43sq., la loi rythmique aurait opéré en quatre phases successives : dans un *premier* temps un affaiblissement des voyelles posttoniques brèves aurait eu lieu suite à l'intensification de l'accent vieux-perse. Cette réduction aurait été générale, c.-à-d. se serait manifestée dans six types de mots différents : 1a. *bʾg-y* /bā́g-ə/ : monosyllabique avec une voyelle accentuée et longue de nature ; 1b. *bg-y* /bág-ə/ : monosyllabique avec une voyelle brève accentuée ; 2a. *npšt-y* /nìpíšt-ə/ : polysyllabique avec l'accent principal ou secondaire sur la syllabe finale contenant une voyelle brève (en règle générale des composés) ; 2b. *rwn-y* /ráwən-ə/ : polysyllabique avec syncope et syllabe finale brève et posttonique ; 2c. *cšmk-y* /čášmək-ə/ : poly-syllabique avec syllabe brève et posttonique, mais sans syncope ; 3. *ʾwgwn* /àwə-gṓn-ə/ : polysyllabique avec l'accent principal ou secondaire sur la syllabe finale contenant une voyelle longue de nature. *Ensuite* une syncope de

---

[15] Cf. Meillet 1900, 265 : "que, dans tout mot à pénultième brève du type vīsatī, l'accent frappait l'antépénultième et que la voyelle de la pénultième tombait".

[16] Kuryłowicz 1975, 502 : "Celle-ci [c.-à-d. la syncope] attestée dans certains mots persans, frappait par conséquent une voyelle inaccentuée *prétonique* et non pas *post-tonique*" [souligné en caractères italiques par Kuryłowicz].

/ə/ se serait produite, pour autant que le contexte phonologique le permît [17] ;
dans une *troisième* phase, advint une uniformisation de l'accentuation sur la
dernière syllabe radicale, qui de ce fait aurait à nouveau obtenu le cas échéant
une voyelle pleine. Ce n'est que dans une *quatrième* étape que la loi rythmique proprement dite (cf. ci-dessus 1.7.) aurait pris tout son effet. Cette hypothèse a reçu un très grand écho dans la littérature scientifique, avec des
impressions d'ensemble allant de péjoratives jusqu'à (modérément) positi-
ves [18].

1.10. De mon point de vue, la thèse de Back contient sûrement des
éléments utilisables, mais elle est déformée par de nombreuses faiblesses que
déjà d'une manière générale je voudrais aborder ici brièvement en préalable.

Une première critique concerne la désignation de la loi rythmique comme
étant une loi 'vieux-perse tardive' : contrairement à la langue moyen-perse
des textes provenant de Tourfan et rédigés en écriture manichéenne, la langue
des inscriptions reflète un état linguistique non plus vivant au moment de
leur mise par écrit, mais historique et enraciné dans une longue tradition
scripturaire. Cette forme linguistique constitue pour ainsi dire un lien entre le
vieux-perse des inscriptions achéménides tardives et le moyen-perse réellement parlé à la cour des premiers Sassanides ; elle représente sans doute
aussi la langue utilisée par Mānī dans ses écrits de propagation religieuse (cf.

---

[17]   Ainsi, la syncope ne se produisait pas p. ex. après une syllabe fermée : il n'y avait
       donc pas de changement dans 2c. /čášmǝk-ǝ/.

[18]   Cf. p. ex. Gignoux 1984, 269 : "à rejeter" ; MacKenzie 1982, 281 : "the author's
       argumentation is ultimately inadequate and unconvincing" ; Belardi 1986, 24 n. 5 :
       "la tesi è suggestiva ma poco convincente" ; Sundermann 1989, 140 reste sceptique,
       en remarquant toutefois : "besonders einleuchtend ist seine Beobachtung, daß -*y*
       meist bei Mehrsilblern mit langer Endsilbe fehlt" ; Schmitt 1980, 77 : "trotz des
       großen Restbestandes, für den er noch keine Erklärung bieten kann, gelang Back hier
       ohne Zweifel schon auf Anhieb ein gewaltiger Fortschritt gegenüber der früheren
       Forschung" ; Kreyenbroek 1981, 82 : "All that can be said here is that Back's hypo-
       thesis accounts for the presence or absence of °*y* in what appears to be a significant
       majority of cases, although the number of exceptions is not inconsiderable. As it is
       entirely based, however, on speculative deductions from a very limited range of data,
       it must remain a hypothesis only ; as such it is valuable and, for the most part,
       plausible" ; Pisowicz 1985-86, 343 : "eine interessante Hypothese", et 345 : "das
       wertvollste daran [c.-à-d. des résultats de Back] scheint die oben erwähnte Lösung
       des Schluss-*y*-Rätsels zu sein" ; Lazard 1983, 53 : "M. Back montre de manière
       convaincante [...]. Une quinzaine [i. e., de formes] seulement restent surprenantes,
       soit à peu près 5% du total. Ces proportions semblent probantes" ; Brunner 1981,
       119 : "the relative consistency of the Middle Persian lexical material in support of
       Back's explanation is striking".

Henning 1958, 97). Il n'est néanmoins pas acceptable de désigner cette forme de la langue dans ce contexte comme du vieux-perse tardif, car elle ne rentre plus dans le cadre du vieil-iranien. Il y a en effet un décalage entre la graphie archaïsante et la phonologie plus avancée et déjà dans ses grandes lignes moyen-perse ; alors que le consonantisme des mots ne se différencie guère de celui du vieux-perse, le vocalisme et la structure grammaticale se sont déjà profondément modifiés. Il paraît alors bien préférable de parler de 'proto-moyen-perse' [19], même si nous ne saurons probablement jamais où se trouve exactement la limite entre le vieux- et le moyen-perse [20].

Un autre point de critique a été relevé par David Neil MacKenzie dans son commentaire sévère, mais excellent et très intéressant de la thèse de Back. En supposant que le *y* final ne soit pas simplement un 'ornement orthographique' (cf. ci-dessus 1.6. en référence à Henning), mais une *mater lectionis* pour /-ə/, Back nie deux faits de la tradition scripturaire achéménide : d'une part, que "the earliest word-final in O[ld] P[ersian] likely to have become /-ə/, namely -a^x (where *x* represents etymological -*h*, -*n*, or -*t*), is the one and only final vowel to have had no mater lectionis in O[ld] P[ersian] script" et d'autre part, que -*y* dans l'écriture araméenne, de laquelle dérive la moyen-perse, "only ever represents a full /-ī/ (or consonantal /-ay/)" [21]. Pour ma part, j'accorderais cependant moins d'importance au deuxième argument, puisqu'en moyen-perse, dans un autre contexte qu'en

---

[19] En effet, Schmitt 1980, 75 parle de 'Protomittelpersisch' ; Lazard 1983, 52 de 'proto-moyen-perse' ; et Sims-Williams 1981, 169 n. 20 de 'Early M[iddle] P[ersian]'. Comparer aussi la critique de Kreyenbroek 1981, 82.

[20] Évidemment, le passage de la phase ancienne à l'étape plus récente ne s'est pas produit du jour au lendemain ; sur ce problème, voir Rossi 1987, 205-10. Une inscription de propriétaire sur une coupe d'argent, publiée par Skjærvø 1997, permet cependant de préciser un peu la date. Jusqu'à cette publication, il n'y avait que fort peu de témoignages épigraphiques pour toute la période entre le 4ᵉ s. av. J.-C. et les premières inscriptions sassanides du 3ᵉ s. ap. J.-C. : on ne relève que l'inscription très endommagée sur la tombe de Darius contenant peut-être l'anthroponyme *slwk* (cf. Wiesehöfer 1994, 90sq. avec bibliographie) ou les légendes sur les monnaies des *fratarakā* (cf. *ibid.*, 103-15), désignées communément comme 'irano-araméennes', faute de mieux. La nouvelle inscription, un document remarquable en tous points, tant pour son contenu qu'au niveau paléographique, semble maintenant précéder les plus anciennes inscriptions sassanides d'au moins deux siècles et demi et pourrait dater de l'époque du roitelet perside Ardaxšīr II (2ᵉ moitié du 1ᵉʳ s. av. J.-C. ?). La langue employée doit manifestement être caractérisée comme du (proto-)moyen-perse et non pas comme du vieux-perse tardif ou de l'(irano-)araméen.

[21] MacKenzie 1982, 280. Pour d'autres remarques critiques, en particulier concernant le grand nombre de formations analogiques *ad hoc* et d'exceptions, voir Belardi 1986, 25 n. 5 et MacKenzie 1982, 294sq.

fin de mot *y* peut tout à fait être une graphie pleine pour /ĭ/ ou /ĕ/ (voir les exemples dans Back 1978, 70 sous 21.1.1.).

2. LE VOCABULAIRE
DES INSCRIPTIONS MOYEN-PERSES

2.1. Que le lecteur me pardonne de ne lui avoir raconté que des choses bien connues jusqu'ici, mais il comprendra bientôt la raison et l'utilité de les avoir répétées dans le premier chapitre : en effet, dans une première phase de mes recherches, comme Back 1978, j'ai moi aussi essayé de diviser le vocabulaire des inscriptions moyen-perses en différents groupes selon le principe très simple du nombre de syllabes des mots. Dans ce contexte, je voudrais attirer spécialement l'attention sur le fait que je n'ai évidemment pas compté le *y* final comme étant une syllabe autonome, vu qu'il n'exprima déjà plus dans les plus anciennes inscriptions sassanides du 3e s. un élément parlé (cf. ci-dessus 1.6. Henning et 1.10. MacKenzie) ; il suffit de regarder tout simplement les textes moyen-perses manichéens, dans lesquels il n'y a plus la moindre trace du -*y* final. Dans ce chap. 2, je me contenterai d'abord d'une *description* de la répartition du *y* final, pour le moment sans tentative d'explication de l'origine. Les observations faites dans ce chapitre ne seront ainsi rien de plus qu'un simple pas vers une solution du problème ; il faudra ensuite des rajouts, des corrections aussi, sur lesquels je reviendrai au chap. 4 pour les détails.

2.2. Si nous regardons en premier lieu les *monosyllabes*, il est facile de reconnaître que ceux-ci obtiennent en règle générale le *y* final. *À première vue*, il paraît complètement sans importance, (1) s'ils contiennent une syllabe 'légère' (c.-à-d., avec voyelle brève) ou 'lourde' (c.-à-d., avec voyelle longue ['*natura*'] avec voyelle brève devant deux consonnes ou une consonne double ['*positione*']), (2) à quel thème vieil-iranien/vieux-perse ils remontent et (3) de quelle catégorie de mots il s'agit.

Comparer les mots suivants : (1) Monosyllabes avec une syllabe légère : *bwny* /bun/ 'base, fondement, sol' [22] (KKZ 3), *gdy* /Gay/ 'Gay' (ŠKZ 33) ;

---

[22] Ceci est la signification de base du mot ; sur le sens précis dans le cas présent (KKZ 3), voir dernièrement Huyse 1998, 110-16 avec plus de détails.

monosyllabes avec une syllabe lourde et à voyelle brève devant deux consonnes : *ctly* /čihr/ 'origine' (ŠTBn-I 5), *dnby* /danb/ 'rive' (ŠKZ 24), *pwhly* /puhl/ 'pont' (MNFd 1), et devant une consonne double : *gty* /gitt/ 'testament' [23] (KKZ 3) ; monosyllabes avec une syllabe lourde et à voyelle longue : *c'sy* /čāh/ 'puits' (KSM 41) < v.-iran. *čāθ-, *l'my* /rām/ 'paix' (NPi 34 F11,05) < v.-iran. *rāman- ; (2) thèmes en *-a-* : *kyšy* /kēš/ 'doctrine' (KSM 14) < v.-iran. *kaiša-, cf. avest. ṯkaēša- ; thèmes en *-ā-* : *dyny* /dēn/ 'religion' (KSM 21) < v.-iran. *daianā-, cf. avest. daēnā- ; thèmes en *-i-* : *pwšty* /pušt/ 'aide, secours' (NPi 20 D8,03) < v.-iran. *pṛšti-, cf. avest. réc. paršti- ; thèmes en *-ī-* : *dwhšy* /duxš/ 'princesse' (ŠKZ 26) < v.-iran. *duxθrī- (?), cf. élam. du-uk-ši-iš ; thèmes en *-u-* : *g'sy* /gāh/ 'siège, trône' (KSM 39) < vp. gāθu-, cf. avest. gātu- ; thèmes en *-n-* : *lwny* /rōn/ 'direction' (KSM 26) < v.-iran. *rauan-, cf. avest. réc. rauuan- '(vallée de) fleuve' ; thèmes en *-r-* : *'twry* /ādur/ '(sanctuaire du) feu' (ŠVŠ 1) < v.-iran. *ātṛ-, avest. ātar- ; thèmes se terminant par une consonne : *msy* /meh/ 'plus grand' (KSM 42) < v.-iran. *maθiah- ; (3) substantifs : *npy* /nab/ 'petit-fils' (ŠH 4), y compris anthroponymes : *lhšy* /Raxš/ 'Raxš' (ŠKZ 29) et toponymes : *lndy* /Rind/ 'Rind' (ŠKZ 33), etc. ; adjectifs : *l'sty* /rāst/ 'juste, vrai' (KNRb 15), avec des participes parfaits passifs : *d'šty* /dāšt/ 'eu, reçu', ici : 'élevé' (ŠKZ 31) et un comparatif : *msy* /meh/ 'plus grand' (KSM 42) < v.-iran. *maθiah- ; finalement la postposition : *l'dy* /rāy/ 'pour, à cause de' (KSM 11).

Ainsi semble s'imposer — du moins provisoirement — la conclusion que ce *y* final apparaît à juste titre après les monosyllabes ; mais il y a quelques exceptions à cette 'règle', qui mériteront maintenant notre attention.

2.2.1. Jusqu'à ce jour, personne ne semble avoir remarqué que le *y* final manque quasiment toujours après les monosyllabes des inscriptions moyen-perses tardives, la longueur ou — plus exactement — le poids des syllabes, les thèmes ou les catégories des mots important peu : comparer par exemple *bht* /baxt/ 'sort, destin' (ED 15 [7ᵉ s.]), *d'l* /dār/ 'arbre, bois' (TX-I 3 [7ᵉ s.]), *gwl* /gōr/ 'tombe' (CE 2 [9ᵉ-10ᵉ s.]) [24], *hwl* /Xwar/ [nom du 11ᵉ jour] (ED 15 [7ᵉ s.]), *lwm* /Rōm/ 'Byzance' (CE 3 [9ᵉ-10ᵉ s.]), *m'h* /Māh/ [nom du 12ᵉ

---

[23]   Il s'agit ici d'un emprunt de syr. geṭṭā (cf. Szemerényi 1970, 420 n°. 36 [= 1991, 1896]). Les monosyllabes vrai-perses, se terminant par une consonne double, sont plutôt rares en moyen-perse et souvent le résultat d'une assimilation (p. ex. *rn > rr*), qui n'apparaît pas dans la graphie, cf. pehl. *pl*, mp. man. *pr* /parr/ 'plume, aile' < v.-iran. *parna- ou pehl. *pwl*, mp. man. *pwr* /purr/ 'plein' < v.-iran. *pṛna-.

[24]   Pour la datation, voir De Blois 1990.

jour] (ED 16 [7ᵉ s.]), *bhl* /bahr/ 'part, portion' (Kāzerun II 9, 14, éd. Tafazzoli 1991 [724-725 ap. J.-C.]), etc. [25].

Il apparaît très vite qu'il ne s'agit pas ici de mots d'une autre catégorie ne demandant pas le *y* final lorsqu'on compare toute une série d'exemples par paire présentant une forme avec -*y* dans les inscriptions anciennes, mais sans -*y* dans les inscriptions plus récentes : comparer par exemple *bʾgy* /bāg/ 'jardin' (ŠVŠ 16 [3ᵉ s.]) versus *bʾg* (TX-I 1 ; TX-II 3, 14 [7ᵉ s.]) ; *gʾsy* /gāh/ 'lieu' (KSM 39 [3ᵉ s.]) versus *gʾs* (SN 5 [9ᵉ s.]) ; *lʾdy* /rāy/ 'pour, à cause de' (KKZ 8, 11, 16 ; KSM 11, etc. [3ᵉ s.]) versus *lʾd* (CE 2 [9ᵉ-10ᵉ s.] ; TT-I 7, II 5, IV 3 [7ᵉ s.]) ; *mʾny* /mān/ 'maison, demeure' (ŠPs-I 11 [4ᵉ s.]) versus *mʾn* (CE 2 [9ᵉ-10ᵉ s.]).

Quand, au juste, s'est perdu le sens de la langue pour noter ou non le *y* final, ne peut malheureusement être déterminé avec précision, mais une date vers la fin du 4ᵉ ou au courant du 5ᵉ s. paraît vraisemblable. En effet, le nom du 4ᵉ mois *Tīr* s'écrit non seulement *tyl* dans l'inscription tardive de Bāγ-i Lardī (BL 7 [7ᵉ s.]), mais aussi et déjà *tyr* sans -*y* dans l'inscription de Šābuhr Šagānšāh à Persepolis (ŠPs-II 1 [4ᵉ s.] ; cf. n. 25) [26]. D'autre part, les inscriptions de Narseh-... à Meškinšahr [4ᵉ s.] et de Mihr-Narseh à Fīrūzābād [5ᵉ s.] ont encore de façon cohérente et sans exception des formes monosyllabiques avec -*y*, telles que *bsty* /bast/ 'construit' (MNFd 6), *dzy* /diz/ 'forteresse' (ŠMŠ 4, 12, 17), *krty* /kerd/ 'fait' (ŠMŠ 9), *lʾdy* /rāy/ 'pour, à cause de' (MNFd 2), *lʾsy* /rāh/ 'chemin' (ŠMŠ 11 ; MNFd 4), *mtry* /mihr/ (ŠMŠ 1) 'Mihr' [nom du 7ᵉ mois], *mwsty* /must/ 'force, violence' (MNFd 7), *pwhly* /puhl/ 'pont' (MNFd 1).

2.2.2. Dans certaines inscriptions tardives, le *y* final apparaît déjà comme un trait final, comme par exemple dans *dynʲ* /dēn/ [nom du 24ᵉ jour] (BL 4 [7ᵉ s.]) ; *ddwʲ* /Day/ [nom des 8ᵉ (*Day pad Ādur*), 15ᵉ (*Day pad Mihr*) et 23ᵉ (*Day pad Dēn*) jours] (BL 3 [7ᵉ s.]) ; *krtʲ* /kerd/ 'fait' (DD *passim* [6ᵉ s.]) ;

---

[25] La forme †*gwpt* /guft/ 'dit' (ŠMŠ 5 [4ᵉ s., 27ᵉ année de gouvernement de Šābuhr II (309-379 ap. J.-C.)]) dans Gignoux 1972, 23 est maintenant à lire comme un nom de famille *gwptʾn* /Gōbedān/ d'après la nouvelle interprétation de Frye/Skjærvø 1996, 54. Ainsi disparaît une des dernières attestations pour l'absence du -*y* final après un mot monosyllabique, de sorte que la forme *tyr* (ŠPs-II 1 [4ᵉ s., 18ᵉ année de gouvernement de Šābuhr II] ; voir juste ci-dessous) se trouve dès lors isolée dans les inscriptions les plus anciennes, pour autant que je sache ; bien que les photos dans Henning 1963, planche LXXXVsq. montrent une légère courbure sur l'estampage après le *rēš*, une leçon †*tyry* me paraît malgré tout exclue.

[26] La forme mp. inscr. †*hmk* dans Gignoux 1972, 23 est à supprimer, car le mot n'apparaît pas dans ŠPs-I 8 ; il en ressort que la forme *hmky* /hamag/ est la seule attestée (cf. pehl. *hmʾkʲ*, mp. man. *h(ʾ)mʾg* /hămāg/).

l'st[/] /rāst/ 'juste, vrai' (CE 3 [9ᵉ-10ᵉ ss.]) ; *mwst*[/] /must/ 'force, violence' (BL 6 [7ᵉ s.]) ; *tn*[/] /tan/ 'corps' (ED 17 [7ᵉ s.]). Il n'est point besoin de renvoyer explicitement au trait final du pehlevi des livres, où le *-y* apparaît là aussi après des mots se terminant en *-n*, *-t*, *-w*.

Si de plus on considère les quelques rares mots *polysyllabiques* dans les inscriptions, pourvus d'un trait final, ce n'est certainement pas par hasard si le trait [/] y apparaît uniquement après une des mêmes 'six' lettres que dans le pehlevi des livres (cf. ci-dessus 1.1. et 1.2.) : *'yl'nštr*[/] /Ērānšahr/ 'Ērān' (CE 2), *OZLWNt*[/] /šawēd/ 'il va' (ED 16), *bwlcytk*[/] /Burzīdag/ [n. pr. fém.] (Kāzerun II 10 [éd. Tafazzoli 1991]), *dhmk*[/] /daxmag/ 'tombeau' (ED 1, 18, etc.), *dstkrt*[/] /dastgerd/ 'possession, propriété, domaine' (MD-I 2), *gl'n*[/] /garān/ 'lourd' (BL 9), *krt*[/] /kerd/ 'fait' (Kāzerun II 4 [éd. Tafazzoli 1991]) *krtn*[/] /kardan/ 'faire' (CE 3 ; ED 11 ; TT-II 6 etc.), *nylwmn*[/] /Nērōman/ [n. pr. masc.] (TX-II 1), *plhwbwt*[/] /Farroxbūd/ [n. pr. masc.] (TX-II 1), *plmwt*[/] et *prwmt*[/] /framūd/ 'ordonné' (ED 10, 21 ; TT-I 7 ; II 6), *pltw[m]sp*[/] /fradomasp/ 'commandant de la cavalerie' (SN 2), *plwltyn*[/] /Frawardīn/ [nom du 1ᵉʳ mois] (BL 3), *pwskwk*[/] */Pus-Gōg/ [n. pr. masc.] (TT-I 5), *ss'n'twr*[/] /Sāsān-Ādur/ [n. pr. masc.] (MD-I 5 ; II 5), *whšt*[/] /wahišt/ 'paradis' (TT-I 8 ; V 13), *whwmn*[/] /Wahman/ [nom du 11ᵉ mois] (TT-II 2), *YHWWNt*[/] /būd/ 'été' (CE 3), *ym'ngwšnsp*[/] /Jamān-Gušnasp/ [n. pr. masc.] (Kāzerun II 11 [éd. Tafazzoli 1991]), *yzd'ndwht*[/] /Yazdānduxt/ [n. pr. fém.] (TT-IV 5), *yzd-krt*[/] /Yazdgerd/ [n. pr. masc.] (ED 13, etc.).

Concernant les inscriptions tardives, on peut donc constater que le *y* final a disparu et que le trait final apparaît à sa place, avec cette restriction toutefois qu'il ne se trouve qu'après une des 'six' lettres. Mais la graphie des inscriptions tardives est encore dans une *phase de transition* et par conséquent, le mécanisme ne fonctionne déjà parfaitement que dans une seule direction, car à l'inverse, le trait final n'apparaît pas toujours de manière cohérente à la place du *-y* final, comme on pourrait s'y attendre. Pour cette raison, il y a encore beaucoup de mots dans les inscriptions tardives se terminant par une des 'six' lettres qui n'obtiennent pas un tel trait final.

2.2.3. Ceci n'implique pas que tout est déjà dit sur les monosyllabes, car même si on laisse de côté le développement historique décrit il y a un instant, ils restent plusieurs 'exceptions' à la règle selon laquelle les mots monosyllabiques dans les inscriptions anciennes du 3ᵉ s. présentent toujours un *y* final. Au cours de cette étude (cf. chap. 4), une tentative d'explication sera proposée pour tous ces cas qu'il suffira d'évoquer ici brièvement.

(1) Dès le départ, nous pouvons cependant exclure le mot †*zb'l* de la liste des cas problématiques, qui fut encore inexplicable pour Back 1978, 46, car il s'agit là d'un mot fantôme : il n'est attesté qu'à un seul endroit (KSM 34),

où *QDM SWSYA zb'l 'y[k] YTYBWN[t]* (Back 1978, 451) est manifestement lu de manière fautive pour *QDM SWSYA I 'g(l)'(dy) YTY(B)WN(t)* /abar aspēw agrā nišīnēd/ 'he is mounted on a noble horse' (cf. MacKenzie 1989, 48 resp. 56 resp. 59) [27].

(2) Un premier problème, réel, se présente alors avec la préposition *pl'c* resp. *pr'c* /frāz/ 'devant', qui est attestée au total plus d'une vingtaine de fois et toujours sans *y* final (pour les références, voir Gignoux 1972, 31 resp. 32), tout comme la forme *'yw*, qui s'écrit également sans la moindre exception sans *-y*, non seulement dans sa fonction de particule adhortative, mais aussi — une fois, dans NPi 26 E2,03 [3ᵉ s.] — dans sa fonction de nombre cardinal 'un' (pour les références, voir Gignoux 1972, 19 resp. 18).

(3) Un autre et dernier cas problématique concerne les anciens thèmes vieux-perses en *-ŭ-*, devenus monosyllabiques en moyen-perse ; assurément, le *-u* à la fin du radical est tombé en passant du vieux- au moyen-perse et a été remplacé par le *y* final : comparer l'ancien thème en *-ū- tny* /tan/ 'corps' [KKZ 19] < v.-iran. **tanū-* (cf. vp./avest. *tanū-*, indoar. anc. *tanū́-*) ; et les anciens thèmes en *-u- g'sy* /gāh/ 'trône' [KSM 39]) < v.-iran. **gāθu-* (cf. vp. *gāθu-*, avest. *gātu-*, indoar. anc. *gātú-*), *hndy* /Hind/ 'Sind' [ŠKZ 19] < vp. *Hindu-*, *mlwy* /Merw/ 'Margiane' [ŠKZ 28] < vp. *Margu-*) [28]. À côté de cela, il existe cependant quelques exceptions, qui semblent encore avoir conservé une trace de la voyelle radicale en syllabe finale : comparer *mrdw* /Mard/ [n. pr. masc.] (ŠKZ 29) ; *mgw* /moγ/, plus récent /mow/ — pour la prononciation, voir MacKenzie 1989, 62 — 'mage' < vp. *magu-*, etc.

Dans les inscriptions tardives, le *y* tomba de nouveau et fut remplacé par le trait final ' après une des 'six' lettres : comparer *tny* (KKZ 19 [3ᵉ s.]) : *tn'* /tan/ 'corps' (ED 17 [7ᵉ s.]), avec un trait final après *-n*, et *g'sy* (KSM 39 [3ᵉ s.]) : *g's* /gāh/ 'trône' [KSM 39] (SN 5 [9ᵉ s.]), sans trait final après *-s*.

2.3. Venons-en maintenant aux dis- et polysyllabes, pour lesquels vaut la 'règle de base' — comprise implicitement aussi dans la loi rythmique de Back (cf. ci-dessus 1.7.) — à savoir que ceux-ci n'ont pas le *y* final, s'ils

---

[27] En conséquence, la forme †*zb'l* 'rapide' est également à supprimer dans Gignoux 1972, 38.

[28] Dans cette forme mp. inscr. *mlwy*, *-g-* s'est développé en *-w-* sous l'influence de la labiale précédente *m* (cf. MacKenzie 1989, 62 et Pisowicz 1984, 18, 20 ; comparer déjà v.-avest. *mōurum*, avest. réc. *mourum*), tandis que *-y* apparaît au lieu du *-u* ; la forme *mlwy* n'est donc absolument pas 'irrégulière', puisque *-w-* dans mp. *mlwy* ne représente pas v.-iran. *-u-*, mais *-g-* (pour la forme moyen-perse, voir en outre Henning 1958, 69 n. 4 et Back 1978, 39 n. 32 ; pour les formes du vieil-iranien, voir Schmitt 1984, 203).

sont de structure [29] n^x –, alors qu'en revanche les mots de structure n^x ◡ l'ont [30]. Les exemples, avec lesquels la justesse de cette 'règle de base' peut être illustrée, sont légion. Je n'en cite ici que quelques-uns choisis au hasard dans les inscriptions les plus anciennes, y compris celle de Narseh à Pāikūlī ; quant aux inscriptions plus récentes, j'y reviendrai (cf. ci-dessous 2.3.1.).

Comparer les exemples suivants (1) pour une syllabe finale 'lourde' à voyelle longue, originale ou secondaire (c.-à-d. issue d'une diphtongue ou étant le résultat d'une contraction), parmi les dissyllabes : *ʾ(z)ʾt* /āzād/ 'noble' (NPi 16 C13,05) < v.-iran. **āzāta-*, *lwbʾn* /ruwān/ 'âme' (KSM 16) < v.-iran. **uruānam*, *nydʾk* /niyāg/ 'grand-père' (NPi 39 G12,05) < v.-iran. **niiāka-*, *srdʾr* /sālār/ 'commandant, chef' (ŠKZ 33) < v.-iran. **sara(h)-dāra-*, *ʾdwyn* /ēwēn/ 'coutume' (ŠKZ 24) < v.-iran. **abi-daianā-*, *cygwn* /čiyōn/ 'comme' (KSM 32) < v.-iran. **čiia(t)-gaunam* (cf. vp. *čiyă-karam* 'comment'), *mzdy(s)n* /māzdēsn/ 'mazdéen' (KNRb 15), probablement emprunté de l'avest. réc. **māzdaiiasni-*, *swlyn* /Sūrēn/ [nom de famille] (ŠKZ 29) < v.-iran. **Sūr-aina-* (?) ; et parmi les polysyllabes attestés dans l'inscription ŠKZ : 9 *štrdstn* /šahrestān/ 'ville', 15 *ʾwylʾn* /awīrān/ 'ruiné, désert' [31], 16 *hrwmʾdyk* /hrōmāyīg/ 'romain', 24 *pʾthštr* /pādixšīr/ 'protocole, contrat', 27 *ʾpʾlyk* /abārīg/ 'autre', 28 *ʾdnyk* /āyēnīg/ 'maître des cérémonies', 28 *ʾrthštr* /Arda(x)šīr/ [n. pr. masc.], 32 *ʾrtwʾn* /Ardawān/ [n. pr. masc.], etc. ; (2) pour une syllabe finale 'légère' à voyelle brève (et une consonne simple à la fin du mot) [32], parmi les dissyllabes : *kʾlny* /Kārin/

---

[29]   Dans la formule suivante, *n* représente un nombre indéterminé de syllabes, [x] une *anceps*, c.-à-d. une syllabe 'longue' ou 'brève'.

[30]   Je laisse de côté l'opinion de Back regardant la cause historique de cette règle et concernant la réelle prononciation du *y* final. Que l'observation suivante suffise ici : en introduisant des voyelles anaptyctiques, qu'il doit faire disparaître à nouveau ensuite, Back complique inutilement les choses. Ceci est un point faible de son raisonnement soulevé à juste titre par MacKenzie 1982, 295.

[31]   Dans la deuxième syllabe, la leçon avec /-ī-/ est préférable à celle avec /-ē-/ (cf. Klingenschmitt 2000, 211 n. 72).

[32]   Lorsqu'une voyelle originalement brève dans la syllabe finale n'a été allongée que secondairement, cela a parfois été source de confusion pour les scribes : le nom de la déesse Anāhīd < v.-iran. *Anāhitā-* est certes écrit systématiquement *ʾn(ʾ)hyt* (KKZ 8, KSM 12, NPi 9 B8-9,04), sans *y* final, comme on l'attend après une syllabe finale contenant une voyelle longue, mais pour le nom du grand-prêtre Kerdīr, on trouve à la fois la graphie 'régulière' sans [*kltyl, krtyr*] et avec *y* final [*kltyly*] (pour les références précises de ce nom si souvent attesté, voir Gignoux 1972, 25f. Ma remarque n'est évidemment valable qu'à condition que le nom contienne un suffixe **-ira-* ; pour l'interprétation difficile de ce nom, comparer en dernier lieu Huyse 1999/2, 172-74). Et pour désigner les manichéens, il n'existe que le mot à graphie 'irrégu-

[nom de famille] (ŠKZ 29), *mtrky* /Mihrag/ [n. pr. masc.] (ŠKZ 30), *sgpwsy* /Sag-Pus/ [n. pr. masc.] (ŠKZ 30), *plswby* /Pahlaw/ 'Parthie' (ŠKZ 2) ; et parmi les polysyllabes : *ʾnwšky* /Anōšag/ [n. pr. fém.] (ŠKZ 26), *hwkʾmktly* /hugāmagdar/ 'bien disposé' (ŠKZ 35), *hwplstʾtly* /huparistādar/ 'obéissant', ici : 'très dévoué' (ŠKZ 35, comparatif avec le sens d'un superlatif absolu), *hwrmzdky* /Hormizdag/ [n. pr. masc.] (ŠKZ 26), *knysky* /kanīsag/ 'fillette' (ŠVŠ 16, cf. pehl. *knyckʾ*, mp. man. *qnycg* /kanīzag/), *prmʾywmy* /framāyom/ 'j'ordonnais/nous ordonnions' (ŠKZ 24, 1ère pers. sing./plur. indic. prés. [hist.] act.) [33], etc.

Une précision importante mérite toutefois attention : seule la *longueur* de la voyelle dans la syllabe précédente, et non pas le poids de la syllabe, détermine si un nom obtient ou pas un *y* final (cf. aussi 4.6.2. pour plus de détails). Car de nombreux exemples confirment que les syllabes 'lourdes', qui le sont devenues à cause d'une voyelle brève placée devant deux consonnes (ou une consonne double), ont malgré tout un *y* final [34] : *ʾngwsty* /angŭst/ 'doigt' (KSM 51), *[ʾp]stpty* */ubstăft/ 'insurgé' (NPi 20 D3,03), *ʾstwndy* /astwănd/ 'matériel, corporel' (KNRb 21), *ʾwhlmzdy* /Ohrmĕzd/ [théonyme] (KKZ 2, usw.), *gwspndy* /gōspănd/ 'petit bétail, mouton' (KKZ 9, etc.), *hnglpy* /hangĕrb/ 'ayant le même corps, sosie' (KSM 44, etc.), *lʾcgwlty* /Rāzgŭrd/ [n. pr. masc.] (NPi 44 H9,03), *mtlspndy* /Mahraspănd/ [nom du 29ᵉ jour] (DE 47, 1), *swkndy* /sōgănd/ 'serment' (NPi 21 D7-8,04), *šhpwhry* /Šābŭhr/ [n. pr. masc.] (ŠKZ 23, etc.), *w[y]mndy* /wimănd/ 'limite, frontière' (NPi 11 B12,06), etc. Précisons donc — provisoirement — la

---

lière' *zndyky* /zandīg/ < *zantika-* avec *y* final (KKZ 10) ; comparer en revanche les formes 'correctes' *ʾdnyk* /āyēnīg/ 'maître des cérémonies' (ŠKZ 28, 29, 32), *zyndʾnyk* /zēndānīg/ 'surveillant (de prison)' (DE 03, 2 ; ŠKZ 34).

[33]   Henning 1958, 66 traduit cette forme par 'ich befehle', Gignoux 1972, 32 par 'nous ordonnons' ; la version grecque a ŠKZ 45 ἐκελεύσαμεν (1ère pers. plur. indic. aor. act.) ; pour le *y* final dans cette forme voir encore 4.8.1.(4). De plus, il est impossible de lever complètement le doute sur un indic. impf. (cf. déjà Henning 1958, 101sq.) ou un prés. *historicum* dans le sens suggéré par Skjærvø 1989b, 347-54 (voir encore le résumé de Sundermann 1989, 148).

[34]   Des mots contenant dans la syllabe finale une voyelle longue de nature devant deux consonnes sont rares en moyen-perse. Dans le matériau des inscriptions, je n'en ai noté que deux, dont l'un n'obtient pas de *y* final, comme il fallait s'y attendre (ŠKZ 30, 34 *mtryhwst* /Mihrxwāst/ [n. pr. masc.] < v.-iran. *Miθra-xwāsta-* 'désiré par Miθra'), alors que l'autre obtient le *y* final de façon 'irrégulière' (KKZ 2, 5, 6, 10 ; KSM 3 *ʾwlwʾhmy* /urwāxm/ 'joyeux, heureux', cf. v.-avest. *uruuāzəman*, avest. réc. *uruuāsman-* 'joie, enthousiasme' < v.-iran. *uru̯ād-sma-* ; indoar. anc. *vrādh-* 'se réjouir').

règle : un mot de structure n^x V̄ Ø n'obtient pas de *y* final, contrairement à un mot de structure n^x V̆ *y*.

Mis à part deux noms formés avec le suffixe *-k* /-ag/ et de structure n^x V̄ V̆ Ø, qui contre toute attente n'obtiennent pas de *y* final (ŠKZ 28 *'plynk* /Ab(a)rēnag/ [nom de région] et ŠKZ 33 *tyd'nk* /Tiyānag/ [n. pr. masc.]), il y a encore quelques divergences par rapport à cette règle, comme les composés avec *-pt(y)*, qui à deux exceptions près n'ont jamais un *y* final (pour une liste complète des divergences voir ci-dessous 2.3.2.).

2.3.1. Comme déjà auparavant (cf. ci-dessus 2.2.1sq.), une grande confusion s'est à nouveau installée dans les inscriptions plus récentes en ce qui concerne l'usage original du *-y* et la fonction nouvelle du trait final. Il est vrai que le trait final manque après la plupart des mots se terminant par une syllabe à voyelle longue, ce qui correspond à l'usage original du trait final, comme par exemple dans *'sm'n* /Asmān/ [nom du 27e jour] (BL 8), *'wmyt* /ummēd/ 'espoir' (CE 3), *hwrdt* /Hordād/ [nom du 3e mois] (TT-I 2), *mlcp'n* /marzbān/ 'margrave' (ED 10). D'autre part, le trait final apparaît déjà dans des dissyllabes ayant une deuxième syllabe à voyelle longue, se terminant par une des 'six' lettres (cf. ci-dessus 1.1. et 1.2.) : comparer par exemple *plmwt'* /framūd/ 'ordonné' (ED 10. 21), etc. Le basculement s'illustre fort bien à l'aide d'exemples ayant encore les deux graphies, comme celui de *gl'n* /garān/ 'lourd' (BL 6), forme correcte d'après la règle originale, à côté de *gl'n'* (BL 9). Parfois, on retrouve même le *y* final dans des cas similaires : comparer la forme correcte et plus ancienne *'(z)'t* /āzād/ 'noble' (NPi 16 C13,05 [3e s.]), à côté de *'z'ty* (ŠMŠ 10 [4e s.]), où *-y* apparaît après *-t* selon les nouvelles règles ; ou même, dans une seule inscription, *cyt'k* /čēdāg/ 'tas de pierres' (ŠH 7, 9, 15), à côté de *cyt'ky* (ŠH 11, 14), où *-y* apparaît après *-k-* [35] ; ou encore *'plyny* /āfrīn/ 'prière' (ŠPs-I 10, 11 [4e s.] ; ŠPs-II 5 [4e s.] ; ŠMŠ 14 [4e s.], MNFd 5 [5e s.]), où *-y* apparaît après *-n-* [36]. Et à

---

[35]   Pour la transcription (incertaine) avec /-ē-/, voir MacKenzie 1978, 502 [= 1999, 76]. Comme je n'ai malheureusement pas pu vérifier moi-même l'inscription ŠH à l'aide de photos, les indications concernant la répartition du *y* final dans mp. inscr. *cyt'k(y)* sont à prendre avec réserve ; car, alors que MacKenzie 1978, 500 [= 1999, 74] lit *cyt'ky* avec *-y* non seulement à la ligne 11, mais aussi à la ligne 14, Gignoux 1972, 21 et Nyberg 1974, 123 rendent ce mot à la ligne 14 sans *-y* (c.-à-d., comme on l'attend en fait).

[36]   Il est à remarquer dans ce contexte que la forme †*mzdysny* citée par Back 1978, 54 à côté de la forme correcte *mzdysn* est un mot fantôme ; il n'existe que la forme *mzdysn* dans les inscriptions moyen-perses (pour les références, voir Gignoux 1972, 29). Par ailleurs, je n'ai même pas réussi à retrouver la forme avec *-y* dans l'édition de Back lui-même (pp. 281-498). L'erreur a sans doute été introduite dans l'index

l'inverse, *-y* resp. ' n'apparaît pas toujours après des dissyllabes avec une deuxième syllabe 'légère' [37] : comparer la forme du théonyme *'whlmzdy* /Ohrmezd/ (NPi 9 B7,04 [3ᵉ s.]), correcte selon la règle originale, et *'whrmzd*, utilisée également comme théonyme dans SN 5 [9ᵉ s.], où *-y* resp. ' n'apparaît pas pour la bonne raison que *-d-* n'est pas une des 'six' lettres.

2.3.2. Revenons aux anciennes inscriptions : la règle, selon laquelle les polysyllabes de structure $n^x \, \breve{V} \, y$ obtiennent un *y* final, à l'inverse de celles de structure $n^x \, \bar{V} \, \emptyset$, comprend indubitablement la grande masse des cas (cf. ci-dessus 2.3.), mais pas tous. Back 1978, 53-55 a essayé d'expliquer le reste, considérable, par le biais de formations analogiques etc., ce qui ne lui a valu que des critiques (cf. ci-dessus n. 21). Comme déjà auparavant pour les monosyllabes, je me contente ici aussi, dans un premier temps, d'une simple énumération des exceptions et je réserve une tentative d'explication pour le chap. 4 (cf. 4.7.2.sqq.).

(1) Une première divergence : les vrais composés avec l'élément v.-iran. **-pati-* > mp. *-pt* /-bed/ ne présentent pas de *y* final, à l'exception de *dlpty* /darbed/ 'gardien de la porte' (ŠKZ 34) et *dzpty* /dizbed/ 'châtelain, chef de forteresse' (ŠKZ 32). Comparer les exemples suivants : *'dwynpt* /ēwēnbed/ 'maître des cérémonies' (KKZ 8), *'sppt* /aspbed/ 'commandant de la cavalerie' (ŠKZ 31), *'yhrpt* /hērbed/ 'prêtre' (ŠKZ 34, KNRb 28, KNRm 8), *dpyrwpt* */dibīruft (?)/ 'chef des scribes' (ŠKZ 29), *glstpt* /grastbed/ 'chef des approvisionnements' (ŠKZ 30), *hz'lwpt* */hazāruft (?)/ 'chiliarque' (ŠKZ 29), *m'dknpt* /māy(g)ānbed (?)/ 'commandant des immortels (?)' (ŠKZ 30), *nhcyrpt* /naxčīrbed/ 'maître de chasse' (ŠKZ 30), *sp'hpt* /spāhbed/ 'général, chef d'armée' (ŠKZ 29), *wrdpt* /Wardbed/ [n. pr. masc.] (ŠKZ 33), *(yz)[d](pt)* /Yazdbed/ [n. pr. masc.] (ŠKZ 33), *(zynpt)* /zēnbed/ 'chef de l'armement' (ŠKZ 30), etc. [38].

étymologique (p. 233) et a pu se propager à partir de là ; voir déjà Schmitt 1980, 65 : "[...] insgesamt gewinnt der Leser dieses Index doch den Eindruck, daß [...] sich bei der Erstellung des Index aus den Texten selbst zu viele Ungenauigkeiten eingestellt haben, die dann von hier aus in die Auswertungsteile weiterverschleppt worden sind".

[37] C.-à-d., 'léger' d'après la définition formulée en 2.3.

[38] Je remarque en passant que les équivalents parthes obtiennent un *-y*, à l'exception de deux anthroponymes (ŠKZ 27 *y'zdpt* et *wrdpt* [mais pourtant 28 *wrdptykn* !]) ; cf. ŠKZ 24 *sp'dpty*, *zynpty*, *grstpty*, 25 *'sppty*, 26 *dyzpty*, 28 *brypty*, *'hrpty*. Le *y* final parthe est apparemment soumis à d'autres règles qu'en moyen-perse, sans qu'on puisse établir de véritable justification pour sa présence ou son absence. Mais comme le (moyen-)parthe est une langue fort conservatrice et archaïsante, il 'simule' de temps à autre des formes vieil-iraniennes qui en réalité étaient prononcées 'à la

(2) En outre, les mots ayant une voyelle longue (-*ā*, -*ē*, -*ī*) en fin de mot présentent toujours un *y* final [39] : (*a*) mots se terminant par -*ā* : *ʾltʾy* /ardā/ 'juste, pieux' (KSM 29) [40] ; *ʾpsʾy* */Abasā, Afsā (?)/ [n. pr. masc. non-iranien] (ŠVŠ 9.15) ; *ʾwlhʾy* /Urhā/ 'Edesse' (ŠKZ 14) ; *dlnʾy* /dranā/ 'longueur' (KSM 42) ; (*g*)*lʾdkyʾy* */Grāykiyā/, lat. *Graecia* (KSM 39) [41] ; *hwplstʾy* /huparistā/ 'obéissant' (KNRb 2) ; *pʾ(th)šʾy* /pādixšā/ 'souverain', adj. (comme dans KNRm 4), mais aussi subst. ; *phnʾy* /pahnā/ 'largeur' (KSM 42) ; (*b*) mots se terminant par -*ē* : *[ʾ]plkydy* */Afrikē/ < [ἡ] Ἀφρικὴ [γῆ] chez Arrien pour la province romaine lat. *Provincia Africa* (ŠKZ 13) [42] ; *p(yš)ydy* /pēšē/ 'devant' (KSM 37) ; (*c*) mots se terminant par -*ī* :

---

moderne', comme le démontre la comparaison avec les textes parthes manichéens (cf. Henning 1958, 64sq.). Dans le cas présent, cela veut dire que dans les noms de métiers avec pa. -*pty*, le *y* final est vraisemblablement la reproduction historique d'un -*ĭ* ancien dans v.-iran. *-*pati*-. Quant aux noms, une *tendance* (mais donc pas une règle générale) se manifeste de les écrire sans *y* final (comme dans les deux cas cités ci-dessus). Là où on écrit le *y* final, il y a souvent d'autres raisons, comme dans la reproduction parthe de noms moyen-perses avec *y* final dans l'inscription ŠKZ, ou dans le cas du théonyme/anthroponyme *mtry* /Mihr/, où -*y* pourrait être une graphie inverse — le parthe a certes été très économe dans l'usage des graphies inverses, mais il est possible qu'elle apparaisse aussi dans le suffixe de la désinence abstraite pa. -*py* /-īf/ provenant de v.-iran. *iịa-θụa- (cf. ci-dessous n. 125 ; voir Henning 1958, 65, 96sq.) ; mais dans l'inscription ŠKZ, ce sont surtout des toponymes qui ont probablement été repris et copiés tels quels, c.-à-d. avec le *y* final, à partir de la version moyen-perse.

[39] Dans les toponymes se terminant en -*ʾy*, -*ʾdy*, -*yʾy*, -*ydʾy*, -*ydyʾy*, -*ydy* des inscriptions moyen-perses (pour les références voir Back 1978, 138), on peut voir à mon avis une tentative moyen-perse imparfaite de rendre les désinences grecques resp. latines ; en effet, contrairement à Back 1978, 139-41, je ne pense pas que la graphie moyen-perse des désinences ait subi une influence quelconque du syriaque. À côté des désinences longues, on comprend facilement par exemple la présence de -*wsy* à la fin des toponymes étrangers comme /-os/, vu que *y* final apparaît dans des di- et polysyllabes après des syllabes 'légères' (cf. ci-dessus 2.3.) : comparer p. ex. *mlwsy* /Mallos/ (ŠKZ 16) pour gr. Μάλλος (ŠKZ 28 : Μάλλον, accus. sing. fém.), *[kl]ntlwsy* /Kelenderos/ (ŠKZ 18), rendant incorrectement gr. Κελένδερις (ŠKZ 30 : Κελένδεριν, accus. sing. fém.) ; *slynwsy* */Selinus, Selinos/ pour gr. Σελινοῦς (ŠKZ 31 : Σελινοῦν, accus. sing. masc.).

[40] À côté de cette première forme, il existe une forme hybride *ʾlt(ʾ)d[y]* /ardā(y)/ (KSM 32) ; pour son origine, voir Henning 1958, 68. Cf. aussi ci-dessous 4.7.4.(1).

[41] Il en existe une deuxième forme : *glʾdkydʾy* */Grāykiyā/ (KKZ 12). La région qu'elle désigne n'est cependant pas claire (le Pont ?) ; pour les détails voir MacKenzie 1989, 65.

[42] La version grecque de l'inscription n'est d'aucune aide sur ce point : [....]τα[....]? (ŠKZ 21). Cf. Huyse 1999/2, 76sq.

ʾkylydy */akīrī/ 'il a été fait' (3ᵉᵐᵉ pers. sing. prét. pass.) < v.-iran. **akr̥ia*
(KKZ 9.10) [43].

(3) Les superlatifs formés avec le suffixe *-twm* /-dom/ < v.-iran. *-*tama-*,
tels que *[N]TLWNtwmy* /*pād-dom/ 'le plus protégé' (NPi 39 G2,05),
[n]ywʾpktwmy /niyābagdom/ 'le plus convenable' (NPi 43 H2,02) ou
twmyktwmy /tōmīgdom/ 'très puissant, de la meilleure origine' [44] (NPi 7
B11-12,02), ont le *y* final attendu, tout comme les comparatifs en *-tl/-tr* /-dar,
-tar/ < v.-iran. *-*tara-* (cf. les deux exemples sous 2.3.) ou encore *(p)[ʾ]ls-*
wmy /pāhlom/ 'le meilleur' (NPi 7 B10-11,02) [45]. Je ne vois qu'une seule
exception avec l'adverbe *ʾndwm* /andom/ 'aussi longtemps' (ŠKZ 27), qui
n'obtient pas de *y* final (pour une explication cf. 4.4.1. avec n. 97).

(4) En principe, les di- et polysyllabes ayant une syllabe finale 'longue de
nature', c.-à-d. à voyelle longue, n'ont pas de *y* final dans les anciennes inscriptions. Mise à part l'exception isolée mentionnée dans la note 35, il existe
deux autres groupes de divergences, à savoir les noms avec le suffixe *-yh*
/-īh/ formant des abstraits et les noms verbaux à voyelle longue ou à diphtongue (pour l'explication cf. ci-dessous 4.7.4.(3) resp. 4.7.3.).

(a) Abstraits formés avec le suffixe *-yh(-y)* : *ʾglʾdyhy* /agrāyīh/ 'noblesse,
dignité' (KSM 52), *ʾpʾtyh(y)* /ābādīh/ 'prospérité' (KKZ 19), *OBDkyhy*
/bandagīh/ 'servitude' (NPi 14 C10,03), *bštyhy* /bištīh/ 'souffrance, tour-
ment' (KSM 13), *dlwndyhy* /druwandīh/ 'mensonge, injustice' (KSM 52),
dwšʾlmyhy /dōšāramīh/ 'amour' (KKZ 7), *hws(l)<w>byhy* [46] /husrawīh/
'gloire' (KNRb 20), *klpkyhy* /kirbagīh/ 'bonne action, vertu' (NPi 8 B2,03),
lʾpyklyhy /lāb-garīh/ 'supplication' (NPi 43 H16,02), *lʾstyhy* /rāstīh/ 'justice,
vérité' (KNRb 1), *nywʾpkyhy* /niyābagīh/ 'convenance' (NPi 7 B13,02),
nywy(h)y /nēwīh/ 'courage, bravoure' (ŠKZ 21), *[pl]hwyhy* /frāxīh/ 'abon-
dance, prospérité' (NPi 40 G2,06), *šʾtyhy* /šādīh/ 'joie, bonheur' (ŠPs-I 9),
šnwtyhy /šnūdīh/ 'satisfaction' (KKZ 9), *štryhwtʾdyhy* /šahr-xwadāyīh/
'gouvernement' (NPi 5 A17,05), *whykʾlyhy* /weh-gārīh/ 'bienfaisance, cha-
rité' (NPi 35 G12,01) [47].

---

[43]   Pour cette forme, voir Henning 1958, 102 n. 2 et Klingenschmitt 2000, 206 (cf.
aussi ci-dessous 4.7.4.(2) et 4.8.1.(5)).

[44]   Pour la signification, voir Skjærvø 1983b/3.2, 48.

[45]   Pour la graphie historique *-ls-* de la forme pour *-hl-* réellement prononcé, voir Henning 1958, 69sq. La forme secondaire *pʾhlwm* (TT-I 8 [7ᵉ s.] ; SN 6 [9ᵉ s.]) est évidemment à juger d'une autre manière : elle ne contient pas de *-y* parce qu'elle est attestée dans les inscriptions plus récentes et que *-m* n'est pas une des 'six' lettres.

[46]   MacKenzie 1989, 53, «*hws(l)byhy*» (*sic*).

[47]   Cette liste est peut-être encore à compléter par *yʾ[t]wkyhy* (NPi 18 D08,01) et
[y]ʾtwkyhy (NPi 26 E9,03) /jādūgīh/ 'magie, sorcellerie', mais le contexte fragmen-

(b) Les mots, dont la syllabe finale remonte à un nom verbal à voyelle longue ou diphtongue ne sont pas moins nombreux. Sans prétendre être complet, je signale ici : *ʾmly* /āmār/ 'total, calcul, compte' (avec -*ā*- dans la deuxième syllabe, cf. pehl. *ʾmʾl*) < nom verbal (n. verb.) v.-iran. **-māra-*, qui dérive de la racine **mar-* 'compter' (ŠKZ 11) ; *[ʾ]plʾsy* /āfrāh/ '(r)enseignement, rapport' (NPi 38 G1,04) et *pʾ[tp]lʾsy* /pādifrāh/ 'punition, peine' < n. verb. v.-iran. **-frāθa-*, qui dérive de la racine **fras-* 'interroger, exiger' (NPi 29 E13,06) ; *ʾwdʾmy* /āwām/ 'plaie' (KSM 27) [48] et *plcʾmy* /frazām/ 'fin, achèvement' < n. verb. v.-iran. **-ǰāma-*, qui dérive de la racine **ǰam-* 'saisir, prendre, presser' (ŠMŠ 9) ; *ʾwzdysy* /uzdēs/ 'idole' (KNRm 30) et *pʾd[ys]y* /pāyēs/ 'avis, instruction' < n. verb. v.-iran. **-daisa-*, qui dérive de la racine **dais-* 'montrer' (NPi 10 B12-13,05) ; *mdʾly* /mayyār/ 'échanson' (ŠKZ 30), *špšylʾly* /šafšēlār/ 'porteur d'épée' (ŠKZ 33) et *štrdʾly* /šahryār/ 'gouverneur' (KSM 34) < n. verb. v.-iran. **-dāra-*, qui dérive de la racine **dar-* 'tenir' ; *mhykʾly* /mēhgār/ 'mal, tort' < n. verb. v.-iran. **-kāra-*, qui dérive de la racine **kr̥-* 'faire' (KKZ 2) ; *plwʾly* /parwār/ 'environs' < n. verb. v.-iran. **-u̯āra-*, qui dérive de la racine **u̯ar-* 'couvrir' (ŠKZ 8) ; *wcʾly* /wizār/ 'expiation' < n. verb. v.-iran. **-čāra-*, qui dérive de la racine **čar-* 'changer, (se) mouvoir' (KKZ 13) ; *wymysy* /wimēh/ 'duperie' < n. verb. v.-iran. **-maiθ'a-*, qui dérive de la racine **mai̯-* 'détruire' (NPi 26 E13-14,03) ; *zydʾny* /ziyān/ 'dommage' (KKZ 13) < n. verb. v.-iran. **zi̯āni-* (cf. avest. réc. *ziiāni-*, *ziiānā-* 'dommage'), qui dérive de la racine *zi̯ā-* 'nuire, priver' (monosyllabique, cf. vp. *dī-* avec radical du présent *dinā-*, indoar. anc. *ǰī-* avec radical du présent *jinā-/jinī-* ; pehl. *zyn(yn)-* dans *zynynytnʾ* /zīnēnīdan/ 'nuire') [49].

---

taire ne permet pas un jugement assuré. En tout cas, les formes [†]*ʾrtʾdyhy* (Gignoux 1972, 17) et [†]*ʾtwkyhy* (*ibid.*) sont à écarter ; voir Skjærvø 1983b/3.1, 81 resp. 82.

[48]   Selon Gignoux 1972, 17 et 1991, 61, ainsi que Back 1978, 420, il paraît toutefois exister une forme secondaire sans -*y* dans KKZ 11.

[49]   Quelques-uns de ces exemples ont été empruntés à une liste de MacKenzie 1982, 295. Le cas de [†]*wšʾt(k)* (Gignoux 1972, 36) sans -*y* ne constitue pas de contre-exemple, puisque cette forme est maintenant à écarter d'après Skjærvø 1983b/3.1, 131 et à remplacer par la leçon exacte mp. *šʾtd[ly]* /šād-dil/ 'avec un cœur plein de joie' (NPi 25 E2,02) = pa. *[šʾt]zrdy* /šādzird/ (NPi 22 d13,04). La forme *srdʾr* /sārdār/ 'guide, chef' (ŠKZ 33) ne constitue, quant à elle, qu'une exception en apparence ; il s'agit d'un composé universalisé *dlykʾnsrdʾr* /darīgānsārdār/ 'commandeur de la garde palatiale' (pour le sens, voir Chaumont 1973, 157-62), soumis à d'autres règles (cf. ci-dessous 2.4.(1) et 4.5.5.). La deuxième attestation de ce mot dans ŠKZ 15 est perdue ; on doit vraisemblablement la compléter avec **[srdʾry]*. Celles-ci sont les seules attestations du mot dans les inscriptions sassanides : les formes (secondaires) **srdʾry* (p. 54) — voire [†]*srdry* (p. 258) — dans Back 1978 reposent sur

(5) Finalement, il reste quelques cas particuliers d'anthroponymes. Dans un cas, la présence ou absence du *y* final semble être déterminée par l'opposition féminin (avec *y*) – masculin (sans *y*) (sur ce point voir ci-dessous 4.7.5.) : ŠKZ 26 *cšmky* /Čašmag/ < v.-iran. **Čašm-akā-* (nom d'une femme) [50], ŠKZ 32 *cšmk* /Čašmag/ < v.-iran. **Čašm-aka-* (nom d'un homme).

En revanche, on attend un *y* final dans les cas de *pwhrk* /Puhrag/ (ŠKZ 28) et *lstk* /Rastag/ (ŠKZ 34), comme pour tous les autres anthroponymes dissyllabiques formés avec le suffixe *-k* /-ag/ ; il faudrait alors en chercher ailleurs l'explication (voir ci-dessous 4.7.5.).

2.4. Avant de passer à l'interprétation de tous les mots cités dans ce chap. 2, il convient de faire en conclusion quatre remarques d'ordre descriptif (pour une explication voir ci-dessous 4.7-8.):

(1) Dans les composés, les membres non-finaux ne présentent pas de *y* final ; s'ils ont un *y* en tant que mots simples, celui-ci chute en principe dans les composés. Le dernier membre n'obtient un *y* final que si la syllabe finale a une voyelle brève, et dans aucun autre cas. Comparer l'exemple suivant dans ŠKZ 23 *hwslwbᵓtwrᵓnhyt* /Husraw-Ādur-Anāhīd/ pour le nom d'un feu : le mot simple **hwslwby* — avec graphie pseudo-historique *-wb* pour /w/ en plus, sur laquelle voir Back 1978, 82 et 130 — n'est pas attesté [51] ; le

---

des erreurs introduites lors de la fabrication de son index ; dans le texte, elles n'apparaissent ni à la p. 314 (ŠKZ 15) ni à la p. 363 (ŠKZ 33).

[50] Il n'y a pas de doute qu'il s'agit bien ici du nom d'une femme (voir aussi Schmitt 1988, 269sq.). Car non seulement il est question de ŠKZ 26 *cšmky ZY MLOTA* /Čašmag ī bānūg/ 'Čašmag, la dame', mais en plus, un *hē* a été ajouté à la fin du nom dans la version parthe : *ššmkyE* (ŠKZ 21) ; pour cette désinence féminine, empruntée à l'araméen et utilisée en sogdien à plus large échelle, voir Henning 1958, 34sq. (pour une explication de la forme mp. inscr. *cšmky*, voir ci-dessous 4.7.5.).

[51] Le renvoi au mot simple *hwslwb* (sans *-y*) dans Gignoux 1972, 24 est faux, car celui-ci est inexistant dans les *inscriptions lapidaires* ; en réalité, il ne se retrouve que dans des composés du genre ŠKZ 23 *hwslwbᵓtwrᵓnhyt*, etc. De même, dans les légendes monétaires des rois sassanides Husrō I (531-579) et II (590-628) ainsi que sur les sceaux, on retrouve en effet la forme attendue avec *-y*, que ce soit *hwslwy* (sur un sceau, cf. Gignoux 1986, 100 n°. 465) avec graphie historique *-w-*, ou *hwslwdy* (sur les monnaies, cf. Alram 1986, 208sq., 210-12) avec graphie pseudo-historique *-wdy*. En revanche, il semble exister une forme *hwslwb* sans *-y* sur les *sceaux* et dans les *légendes monétaires* (cf. Gignoux et Alram, *ibid.*) ; mais la forme avec *-y* est incontestablement la plus conforme à la règle, comme le montrent d'autres exemples d'après ce modèle avec graphie inverse de *-wb-* pour /-w/, tels que *dstglwby* < v.-iran. **dasta-gr̥ba-* 'prisonnier (de guerre)' (ŠKZ 15), *kltslwby* < v.-iran. **kr̥ta-*

mot simple *'twry* /ādur/ 'feu' perd son *y* final en non-dernière position dans le mot composé ; et, même en étant le dernier élément, *'nhyt* /Anāhīd/ n'a pas de *y* final, puisque les mots simples polysyllabiques de structure n^x V̄ Ø ne l'auraient pas obtenu non plus. La même chose vaut pour les exemples suivants dans ŠKZ 26 *wr'cdwhty* /Warāzduxt/ [n. pr. fém.], 27 *'whrmzdwhtky* /Ohrmezdduxtag/ [n. pr. fém.], 29 *'rthštrprry* /Arda(x)šīr-Farr/ [n. pr. masc.], 32 *gwndply* /Gundifarr/ [n. pr. masc.] (pour la prononciation cf. gr. 63 Γυνδιφερ), 32 *nywšhpwhry* /Nēw-Šābuhr/ [toponyme], 32 *thmšhpwhry* /Taxm-Šābuhr/ 'courageux est Šābuhr' [nom honorifique], etc. [52]. Le nombre des composants dans ces composés à plusieurs membres n'a donc aucune importance, car c'est toujours le dernier membre qui obtient un *y* : cf. DE 42, 3 *yzd'nth[m]pr[n]by* /Yazdān-Taxm-Farrbay/ [n. pr. masc.].

Dans les inscriptions tardives, la règle s'applique à nouveau (cf. ci-dessus 2.2.1.sq.) : le dernier élément obtient un trait final après une des 'six' lettres,

---

srau̯a(h)- [n. pr. masc.] (ŠKZ 33) et *prswby* < v.-iran. **Parθau̯a-* 'Parthie' (ŠKZ 2) (voir encore ci-dessous n. 113).

[52]   Le mot *l'pyklyhy* (NPi 43 H16,02), déjà mentionné ci-dessus en 2.3.2.(4a), et le nom féminin *nrshydwhty* /Narsehduxt/ (ŠKZ 26) semblent constituer une exception (voir aussi le patronymique ŠKZ 33 *nrshykn* avec -*y* devant le suffixe, où le *y* paraît toutefois justifié, étant donné que la syllabe précédant le suffixe contient une voyelle brève ; voir juste ci-dessous (2.4.(2)). Peut-être avons-nous ici une phase de transition dans les premières inscriptions du 3ᵉ s., durant laquelle les mots composés ont dans un premier temps réussi à garder le *y* final qu'avaient les termes simples, pour le perdre ensuite peu à peu sous l'influence de l'accentuation principale. Les mots composés avec *why-* /weh/ 'bon, meilleur' (cf. p. ex. les toponymes ŠKZ 32 *why-'ndywkšhpwhry* /Weh-Andiyok-Šābuhr/ et ŠKZ 34 *why'rthštr* /Weh-Arda(x)šīr/) ne me paraissent pas être des exceptions, dans la mesure où le *y* n'est probablement pas un 'vrai' *y* final, mais doit plutôt être considéré comme un reste du suffixe formant des comparatifs (< v.-iran. **u̯ah-i̯ah-*, cf. indoar. anc. *vásyah̠*, v.-avest. *vahii̯ō*). Bien vite, ce suffixe de comparatif ne fut plus reconnu en tant que tel, ce qui a causé le remplacement de la forme originale *why* par une nouvelle forme *wyh* — il est significatif à cet égard que cette nouvelle forme pehl. *wyh* est la seule à s'être introduite dans le pehlevi des livres, langue pour le reste plutôt archaïsante, et qu'à l'inverse, le moyen-perse des textes manichéens, d'habitude plutôt progressif, a conservé les deux formes mp. man. *why* et *wyh* côte à côte. D'autre part un nouveau comparatif (pour ainsi dire avec double suffixe *-*i̯a-* et *-*tara-*) mp. inscr. *wyhtly* /wehdar/ 'meilleur' a même été formé dans les inscriptions du 3ᵉ s. (cf. mp. man. *wyhdr* /wehdar/). Plus tard se forme à côté dans les inscriptions récentes une nouvelle forme de base *wyd-* avec -*d-* pseudo-historique (non attesté comme mot autonome), qui sera utilisée par exemple dans les anthroponymes composés des inscriptions de Bandiān (Khorasan, début du 5ᵉ s. [ou plus tôt] ?) : comparer les anthroponymes *wydmtršhpwhry* /Weh-Mihr-Šābuhr/ (inscr. A 3 [Gignoux 1998, 252]) et *wydšhpwhry* /Weh-Šābuhr/ (inscr. A 4, C 1 [*ibid.*, 252sq.]). Cette même nouvelle forme *wyd-* sera ensuite employée sur les sceaux des 6ᵉ-7ᵉ ss. (voir les noms dans Gignoux 1986, 177-81 *passim*).

comme par exemple dans *plhwbwt^l* /Farroxbūd/ [n. pr. masc.] (TX-II 1), *pwskwk^l* */Pus-Gōg/ [n. pr. masc.] (TT-I 5), *ss'n'twr^l* /Sāsān-Ādur/ [n. pr. masc.] (MD-I 5 ; II 5), *ym'ngwšnsp^l* /Jamān-Gušnasp/ [n. pr. masc.] (Kāzerun II 11 [éd. Tafazzoli 1991]), *yzd'ndwht^l* /Yazdānduxt/ [n. pr. fém.] (TT-IV 5) ; le trait final manque après toutes les autres lettres, comme dans *plhw'whrmzd* /Farrox-Ohrmezd/ [n. pr. masc.] (BL 4).

(2) Dans les (pro-)patronymiques, le *y* final du mot-base se perd devant les suffixes *-(')n* /-ān/ et *-k(')n* /-(a)gān/, comme le montrent ces exemples pour lesquels sont attestés à la fois le mot-base et le (pro-)patronymique. Comparer par exemple : *bthškn* /bidaxš(a)gān/ (ŠKZ 34), mais *bthšy* /bidaxš/ (ŠKZ 31) ; *mtr'n* /Mihrān/ (ŠKZ 34), mais *mtry* (ŠMŠ 1) ; *p'pk'n* /Pābagān/ (ŠKZ 31), mais *p'pky* (ŠKZ 25) ; *pldk'n* /Farragān/, mais *pldky* (ŠKZ 28) ; *sl(w)k'n* /Selŭkān/ (ŠKZ 33), mais *slwky* (ŠPs-II 1) ; *šhpwhrkn* /Šābuhr(a)-gān/ (KKZ 7), mais *šhpwhry* (ŠKZ, *passim*, etc.) ; *wyplkn* /Wifr(a)gān/ (ŠKZ 33), mais *wyply* (ŠKZ 30)[53]. Comparer également — sans les mots-base correspondants — *bldkn* /Barragān/ 'fils de Barrag' (ŠKZ 33), *blysk'n* /Barēsagān/ 'fils de Barēsag' (ŠKZ 30), *bndk'n* /Bandagān/ 'fils de Bandag' (ŠKZ 35), *hlwk'n* /Hōragān/ 'fils de Hōrag' (ŠKZ 28), *mltynk'n* /Mardēn(a)-gān/ 'fils de Mardēn' (ŠKZ 28), *šnbytkn* /Šambīd(a)gān/ 'fils de Šambīd' (ŠKZ 33), etc. À l'inverse, si le *y* final n'est pas déjà présent dans le nom-base, il n'y a à évidemment aucune raison de le retrouver dans un patronyme : comparer *wldptkn* /Wardbed(a)gān/ (ŠKZ 35), et *wrdpt* (ŠKZ 33) ; ou encore *wlhl'nkn* /Warhrān(a)gān/ (KNRb 30), et *wlhl'n* (ŠKZ 25).

La très grande majorité des (pro-)patronymes suit ce schéma, mais ici aussi, il y a quelques cas particuliers : *dzptykn* /dizbed(a)gān/ (ŠKZ 34) conserve le *y* du mot de base *dzpty* (ŠKZ 32), lui-même un des deux mots composés avec *-*pati*- obtenant un *y* final (cf. ci-dessus 2.3.2.(1) ; pour une explication voir ci-dessous 4.7.2.). Trois autres noms patronymiques, ŠKZ 33 *nrshykn* /Narseh(a)gān/, ŠKZ 29, 33 *wsplykn* /Wisfarr(a)gān/ et ŠKZ 34 *p'splykn* */Pāsfarr(a)gān/ (pour une étymologie possible des deux derniers voir Huyse 1999/2, 142 resp. 171) semblent avoir repris le *y* du nom (seuls *nrshy* [ŠKZ et NPi, *passim*, etc.] et *p'sply* [ŠKZ 34] sont attestés ; le nom correspondant **wsply* n'est attesté nulle part). En outre, pour le nom *s's'n* /Sāsān/, on trouve aussi bien le patronyme 'régulier' *s's'nkn* /Sāsān(a)gān/ dans NPi 6 B13,01 et 15 C10,04, qu'à deux reprises la forme 'irrégulière' *s'snykn* dans ŠKZ 34 ; il est toutefois remarquable que les versions parallèles

---

[53] Contrairement à Gignoux 1972, 36 et 1986, 182 n°. 997 ('Vīfar'), ainsi que Back 1978, 273 n°. 371a ('Wēfal'), le nom est sans doute monosyllabique et remonte probablement à v.-iran. **u̯ifra-* (cf. avest. réc. *vifra-* 'sage, habile, compétent' [*AirWb.* 1448]) ; cf. Huyse 1999/2, 142sq.

parthes ne font pas cette distinction (ŠKZ 28, NPi 14 c1,02 et 36 f8,06 ont tout le temps la forme pa. inscr. *s'snkn*). Enfin, on trouve encore le nom patronymique *wycnykn* (ŠKZ 28), dont l'étymologie reste incertaine (sur ce point voir Huyse 1999/2, 129).

(3) Les formes du pluriel des thèmes en *-a-* et *-i-* ne présentent jamais de *y* final : comparer d'une part *'lmn'n* /Armanān/ '(des) Arméniens' (ŠKZ 23), *'twr'n* /ādurān/ '(des sanctuaires du) feu' (ŠKZ 24), *'z'tn* /āzādān/ '(des) nobles' (ŠH 6), *b'l'n* /bālān/ '(du) vestibule' [54] (KSM 48), *bgd'n* /bayān/ '(des) dieux' (KKZ 7), *yhwd'n* '(des) juifs' (DE 44, 3/4), *yzt'n* /yazdān/ '(des) dieux' (ŠKZ 35), et d'autre part *plcndyn* /frazandīn/ '(des) descendants, enfants' (MNFd 5), *prwrtyn* /Frawardīn/ [nom du 1ᵉʳ mois] (ŠVŠ 1).

Curieusement, les formes en *-u-* font exception (voir ci-dessous 4.3.3. et surtout 4.5.5.) : la forme *mgwny* '(des) mages' dans les inscriptions de Kerdīr (pour les références voir Gignoux 1972, 28) et sur un sceau (voir dernièrement Gyselen 1989, 159) a été occasionnellement interprétée comme remontant à v.-iran. **magauan-* 'la communauté des mages' (cf. MacKenzie 1974, 471 ; Back 1978, 508 n. 255) ; mais la forme parallèle *dwšmnwny* '(des) ennemis' sur un sceau (Gignoux/Gyselen 1982, 33 n°. 00.25 [où la forme n'avait pas été reconnue en tant que telle]) écarte tout doute quant à une forme du pluriel de l'oblique pour *mgwny* [55]. Cette impression est encore confirmée par le parallélisme entre mp. *mgwny hndl[c]plty* dans la légende sur le sceau et les calques arm. *mowan handerjapet = mogac' anderjapet* ainsi que syr. *mwg('n)-'ndrzbd* (cf. Hübschmann 1897, 99 n°. 28 et 195 n°. 410), ayant tous des formes du substantif au pluriel.

(4) Pour les participes parfaits passifs, force est de constater qu'ils obtiennent pratiquement tous, c.-à-d. pas uniquement les participes monosyllabiques, le *y* final (cf. ci-dessus 2.2.). Comparer par exemple les formes suivantes : (a) monosyllabiques à voyelle brève : *bsty* /bast/ 'lié, construit' (MNFd 6) < v.-iran. **basta-* ; *gwpty* /guft/ 'parlé, dit' (KNRm 62) < v.-iran. **gufta-* ; *klty* et *krty* /kerd/ 'fait' (ŠKZ 7, etc.) < v.-iran. *kṛta-* ; (b) monosyllabiques à voyelle longue : *cyty* /čīd/ 'entassé, empilé' (ŠH 10, 12) < v.-iran. **čīta-* ; *d'šty* /dāšt/ 'eu, tenu (élevé)' (ŠKZ 31) < v.-iran. **dāšta-* de la racine **dar-* (cf. MacKenzie 1982, 287) ; (c) di-/polysyllabiques à voyelle brève dans la syllabe finale : *npšty* /nibišt/ 'écrit' (ŠPs-II 3) < v.-iran. **ni-pišta-* ; *nshty* /nisaxt/ 'préparé' (NPi 34 F6,05) < v.-iran. **ni-saxta-* ; (d) di-/polysyllabiques à voyelle longue dans la dernière syllabe : *nš'sty* /nišāst/

---

[54] Pour la signification, voir Skjærvø *apud* MacKenzie 1989, 69.

[55] Cf. Nyberg 1974, 122 ; Skjærvø 1983a, 57. Entretemps, MacKenzie 1989, 62 avait révisé son opinion dans le sens suggéré par Skjærvø.

'fondé' (KKZ 15) < v.-iran. *ni-šāsta- ; *plmʾty* (ŠPs-II 4), mais aussi *prmʾt* (ŠH 11, ŠPs-I 9, Barm-i Delak 2 [éd. MacKenzie 1993, 105]) /framād/ 'ordonné' < v.-iran. *fra-māta-*.

Finalement, il faut encore mentionner les formes juxtaposées *p[t](w)hyty* (KSM 28) [56] et *ptwhyt* (KNRb 3, 7) /paywahīd/ 'supplié, prié', avec extension secondaire *-yt* /-īd/ au radical du présent /paywah-/ (cf. MacKenzie 1982, 290). Ces deux dernières formes expliquent aussi que, même dans les inscriptions sassanides les plus anciennes, les formes avec et sans *y* final sont utilisées côte à côte. Si je n'ai rien oublié, le participe parfait passé *pwrsyt* /pursīd/ 'demandé' serait la seule forme dans les inscriptions moyen-perses les plus anciennes à rester sans contrepartie avec *y* final ; il est vrai cependant qu'elle n'est attestée qu'une seule fois dans toutes les inscriptions moyen-perses (pour une explication des formes des participes parfaits passés cf. ci-dessous 4.8.1.(2)).

---

[56] Cette forme est certes attestée plusieurs fois dans les inscriptions KSM et KNRm (KSM 26, 27, 28, 32 = KNRm 50, 52, 53, 56), mais d'après l'édition de MacKenzie 1989, 46, ce passage est le seul fiable pour le *y* final.

3. L'ACCENTUATION EN IRANIEN

3.1. Les pages précédentes, au chap. 2, ont clairement établi, j'ose espérer, qu'il y a bien un système logique derrière l'utilisation du *y* final, même si à première vue celui-ci ne nous semble plus explicable dans tous ses détails. Car il est évident que le système a été forcé, voire détruit par des formations analogiques ou encore pour d'autres raisons conduisant à des divergences et des exceptions, ce qui complique considérablement la tâche du chercheur essayant de déchiffrer l'énigme et les origines du *y* final.

Avant de me consacrer à toutes ces questions dans un prochain chapitre, il me paraît utile de faire préalablement quelques remarques sur l'accentuation en iranien. Même s'il y a peu de certitudes quant à l'accent iranien et même si les découvertes à cet égard ont été minimes depuis les travaux de Hermann Hirt [57], quelques observations concernant les langues du vieil- et moyen-iranien sont tout de même possibles.

3.2. Il existe plusieurs moyens pour déterminer l'accentuation des phases linguistiques les plus anciennes : (1) Pour l'indoaryen ancien, comme pour le grec et le latin, nous disposons d'informations des anciens grammairiens. (2) Des textes accentués comme en védique et en grec (depuis l'époque alexandrine [58]) nous fournissent également des renseignements. (3) Dans les langues versifiées, la métrique peut — mais ne doit pas forcément — donner des éclaircissements sur la place de l'accent d'un mot, comme en germanique et aussi partiellement en latin et vieil-irlandais ; mais la métrique ne nous met sur la voie que dans le cas où l'ictus du vers et l'accent du mot coïncident.

---

[57] Hirt 1929, 194 : "Es liegt wohl an der geringen Zahl der auf diesem Gebiet Arbeitenden und der Schwierigkeit der Materialbeschaffung, daß in dieser Frage noch wenig erreicht ist".

[58] Depuis Aristophane de Byzance (3e s. av. J.-C.) et jusqu'au 2e/3e s. ap. J.-C., les accents grecs ne sont en fait écrits que comme auxiliaires de lecture pour les élèves, et ceci presqu'uniquement dans les textes poétiques ; une systématisation croissante se manifeste seulement au cours des siècles suivants, mais une accentuation appliquée à tous les mots ne se généralise qu'au 9e/10e s.

(4) Certains changements phonologiques peuvent également nous fournir des indications utiles ; ainsi, la 'loi de Verner' (là-dessus voir par exemple Collinge 1985, 203-16) indique que la place de l'accentuation en germanique commun a, au fond, été la même qu'en védique. (5) Finalement, les langues modernes aussi, c.-à-d. encore parlées de nos jours, peuvent éventuellement permettre des déductions concernant la situation dans les phases linguistiques plus anciennes.

Dans le cas de l'iranien, nous ne pouvons pas recourir à certains de ces auxiliaires (les deux plus importants étant les renseignements des grammairiens contemporains et l'accentuation dans les textes eux-mêmes). D'autre part, l'absence d'informations peut elle aussi être un *argumentum e silentio* qui nous permet de conclure que l'accentuation obéit à des règles fixes, rendant ainsi superflue toute indication explicite ; c'est la raison pour laquelle les mots en indoaryen récent n'ont pas besoin d'une indication particulière de la place de l'accent, contrairement au védique ayant un accent libre. En grec, l'accent est libre dans le cadre de certaines limites et doit être noté en conséquence : il est déterminé par la loi dite des trois mores, à savoir : l'accent ne peut pas remonter plus loin que l'antépénultième more, mais il est libre à l'intérieur de ce cadre.

La métrique aussi n'est que partiellement utile dans la question de l'accentuation des mots iranienne. En ce qui concerne la versification en moyen-iranien occidental, les savants qui ont étudié la question s'accordent à dire qu'elle n'est ni syllabique (le nombre de syllabes n'étant pas le même pour tous les vers), ni quantitative (on ne décèle pas de patron récurrent de syllabes légères et lourdes alternantes), mais réglée par l'accentuation [59]. Dans

---

[59]   Cf. Henning 1933, 317 [= 1977, 272] : "Da nun das Versprinzip weder ein *silben-messendes* ist noch ein *silbenzählendes* zu sein scheint, so kann es wohl nur ein *rhythmisches* sein" [mots soulignés par Henning] (comparer aussi le résumé de Lazard 1985, 371). En avestique, les choses se présentent peut-être différemment qu'en moyen-iranien occidental et il se peut que le nombre des syllabes y joue un rôle plus substantiel. Déjà Geldner 1877 pensait que la versification en avestique récent était déterminée par le nombre des syllabes. Sa théorie des octosyllabes n'a pas été acceptée par tous et ne l'est toujours pas, parce qu'il y a trop de vers qui contiennent moins ou plus de syllabes. Dans une très belle étude, Lazard 1990 a essayé de séparer les anciens vers poétiques dans les *Yašts* des plus récents prosaïques. Parmi ces vers anciens, à peu près 70% sont octosyllabiques. L'aspect original et intéressant de cette étude est notamment que le linguiste français a transposé dans une annexe trois octets du *Testament*, rédigé en 1462 par le poète français François Villon et composé à l'origine en octets, dans une version française moderne. Beaucoup de ces octosyllabes originaux sont également restés en français moderne, mais un grand nombre a perdu ou gagné soit une soit plusieurs syllabes, si bien que les strophes transposées contiennent alors aussi des vers, dont le nombre de syllabes varie entre six et qua-

une étude remarquable sur la métrique parthe, Gilbert Lazard 1985, 372 était toutefois porté à croire que les ictus de vers et les accents de mot ne coïncident pas toujours [60]. Dans l'état actuel de nos connaissances de la prosodie en moyen-iranien occidental, il paraît donc bien plus prudent de ne pas prendre en considération la métrique comme source d'informations pour déterminer la place de l'accent des mots. En moyen-iranien oriental, en revanche, il est tout à fait possible, en particulier en ancien khotanais, de déduire quelques conclusions sur la place de l'accent à partir de la métrique (cf. Emmerick 1968a, 437-40 — avec des renvois à des références bibliographiques antérieures dans la note à la page 437 —, 1968b et 1973) ; ainsi, on y retrouve plusieurs éléments indiquant que le khotanais était dans une période de transition entre l'accent quantitatif et l'accent expiratoire. Mais en khotanais tardif, la versification semble avoir atteint le même stade d'évolution que celle du moyen-iranien occidental, dans la mesure où elle aussi est devenue accentuelle.

Pour le moyen-perse, nous nous voyons donc limités au bout du compte aux deux derniers moyens, c.-à-d. aux déductions à partir des changements phonologiques et à celles effectuées à partir des langues iraniennes modernes, avec évidemment en premier lieu le persan moderne.

3.3. Ce n'est probablement guère une hypothèse osée, si on part du constat que l'iranien, par sa parenté étroite avec l'indoaryen, a eu initialement, c.-à-d. au niveau de l'iranien commun, un accent libre comme en védique (cf. Mayrhofer 1989, 12). En persan moderne, en revanche, l'accent frappe la plupart du temps la dernière syllabe, du moins dans les formes non-verbales, que celles-ci soient des mots simples ou composés ; mais ceci n'est presque jamais le cas pour les verbes (cf. Lazard 1992, 37-46 pour l'accentuation en persan moderne). Par conséquent, les points de départ et d'arrivée sont connus ; il reste donc à reconstruire les étapes intermédiaires entre les deux.

---

torze. C'est précisément ce qui aurait pu se passer dans les *Yašts*. L'hypothèse suggérant que la versification en avestique (récent) ait pu être réglée par les syllabes n'exclut par ailleurs pas nécessairement *a priori* la théorie de Henning 1942, 53 [= 1977, 164], selon laquelle chaque vers avestique avait précisément trois syllabes portant le ton ; une combinaison de règles syllabiques et accentuelles est tout à fait possible.

[60] Quelque chose de semblable vaut également pour le latin, où la coïncidence de l'ictus du vers avec le ton du mot n'a pas été recherchée par tous les poètes.

3.3.1. En regardant d'abord de plus près les deux langues du vieil-iranien un peu mieux connues, force est de constater que déjà en vieil-avestique, un certain nombre de phénomènes phonologiques doit être attribué aux effets de l'accentuation, notamment d'un accent syllabique — jadis appelé d'ordinaire 'accent dynamique'. Le matériau est certes extrêmement limité et devrait en fait être complété par un examen systématique et approfondi du matériau en avestique récent, mais l'évidence est incontestable. Ainsi, Robert S. P. Beekes 1988, 55-69, a supposé par exemple que les phénomènes suivants en vieil-avestique sont dus à l'influence d'un accent dynamique : (1) *hii* > *x́ii*, si la voyelle après *h* porte le ton (p. ex. v.-avest. *x́iiə̄m* 1ère pers. sing. opt. prés., cf. indoar. anc. *syā́m*) ; (2) entre *á*, *ə́* et les occlusives sourdes *k*, *p*, *t*, iran. comm. *r* devient sourd, produisant ainsi les groupes *ahrk/əhrk*, *ahrp/əhrp*, (**áhrt* >) *aṣ̌*, (**ə́hrt* >) *əš* (p. ex. avest. réc. *mahrka-* 'mort' < v.-iran. **márka-*, mais cf. indoar. anc. *marká-* ; avest. réc. *vəhrka-* 'loup' < v.-iran. **u̯ŕ̥ka-*, cf. indoar. anc. *vŕ̥ka-* ; v.-avest. *kəhrpə̄m*, avest. réc. *kəhrpəm* 'corps' [acc.] < v.-iran. **kŕ̥pam*, cf. indoar. anc. *kŕ̥pam* ; v.-avest./avest. réc. *maṣ̌iia-* 'homme' < v.-iran. *mártii̯a-*, cf. vp. *martiya*, indoar. anc. *márti̯ya-* ; v.-avest./avest. réc. *aməṣ̌a-* 'immortel' < v.-iran. **amə́rta-*, cf. indoar. anc. *amŕ̥ta-*) ; (3) #*huu* > #*x^v* (conditionné dialectalement, vraisemblablement d'origine arachosienne ; p. ex. v.-avest. *x^və̄ng* < **huu̯ə́ŋh* [dissyllabique dans les Gāθās], gén. de v.-avest. *huuarə̄* 'soleil'), parallèlement à *hii* > *x́ii* ; (4) Hoffmann/Forssman 1996, 112 § 83 A.3 y ajoutent encore un quatrième phénomène : *uš* > *xš* (p. ex. dans **ušmá-* > v.-avest./avest. réc. *xšma-* 'vous', cf. indoar. anc. *yuṣmá-*) [61].

3.3.2. En vieux-perse aussi, certains ont cru voir des indications toutefois pas si évidentes : ainsi, le linguiste polonais Kuryłowicz s'est exprimé à plusieurs reprises (1964, 104sq. ; 1968, 194sq. ; et 1975, 499sq.) en ce sens, accordant un statut particulier à la syllabe finale en vieux-perse dans la mesure où celle-ci ne pouvait être accentuée [62]. Dans les inscriptions vieux-perses des Achéménides un -*a* final peut être long ou bref ; mais -*ă* final implique toujours la perte de -*s* (> -*h*), -*t* ou -*n*, qui, à l'origine, suivaient

---

[61] Beekes 1988, 53 lui-même attribue encore à l'influence de l'accent un autre phéno-mène phonologique, à savoir la graphie -*āǎtcā* pour -*āǎtcā*, mais selon Rasmussen 1991, 113 les exemples sont trop peu nombreux pour pouvoir en être sûr ; Hoff-mann/Forssman 1996, 113 pensent que ce phénomène et d'autres encore ont pu se produire sous l'effet d'un accent d'un groupe de mots, suite à l'ajout de particules.

[62] Voir par exemple Kuryłowicz 1968, 197 : "Zusammenfassend ist zu sagen, daß (...) die Fixierung des Wortakzents im A[lt]iran[ischen] im engen Zusammenhang mit der Behandlung des Wortauslauts zu stehen scheint".

immédiatement après, alors que *-ā* final perpétue soit *-ă* étymologique ou *-ā* étymologique, ou alors remonte à une syllabe finale longue fermée contenant *-ā* (pour une vue d'ensemble complète voir Kuryłowicz 1968, 194sq.). Les faits expliqués il y a un instant supposent cependant que l'opposition *-a : -ā* eût été neutralisée dans la syllabe finale [63], avant que *-s, -t, -n* n'aient pu chuter ; ce n'est qu'après cette chute et par là-même que l'opposition entre *-a* bref et long fut rétablie. De plus, la coïncidence de *-a : -ā* a dû se produire à un moment antérieur à la mise par écrit des inscriptions vieux-perses ; le résultat de cette coïncidence a ensuite été identifié à la nouvelle voyelle longue finale.

Du point de vue de Kuryłowicz, la neutralisation de l'opposition *-a : -ā* à la fin absolue d'un mot en vieux-perse prélittéraire est confirmée par l'avestique : tandis qu'à l'intérieur d'un mot l'opposition *-a : -ā* est assez bien conservée, elle disparaît en syllabe finale [64]. À partir de là, Kuryłowicz a conclu que la coïncidence prélittéraire de voyelles brèves et longues en syllabe finale vieil-iranienne est une indication du statut particulier de celle-ci. Alors qu'il y a quatre possibilités de construire une syllabe en positions initiale et intérieure (*-ă, -ăT, -ā, -āT*), il n'en existe que trois pour la syllabe finale (*-ā, -ăT, -āT*) ; l'absence de l'opposition *-a : -ā* dans la syllabe finale montre que celle-ci ne peut être accentuée [65]. Kuryłowicz est même allé plus loin encore en concluant à une accentuation générale de la syllabe pénultième.

Ces explications par Kuryłowicz ne convainquent pas tout à fait : pour commencer, des formes telles que vp. <d^u-u-r^u-u-v-a> /duruvā/ 'solide, ferme, fort' (elam. *tar-ma*) semblent plutôt suggérer une accentuation de la syllabe finale correspondant à indoar. anc. *dhruvá-* (cf. Schmitt 1989, 67). D'autre part, Nicholas Sims-Williams (lettre du 5.3.1992) me rappelle à juste titre que "in Sogdian there seems to be good reason to suppose that the contrast of *ă* and *ā* was neutralized in final position although the vowel in question was often stressed" ; en moyen-perse aussi, les voyelles brèves *ĭ* et

---

[63] La neutralisation ne se laisse pas prouver pour *i* et *u*, comme il n'y a pas de distinction graphique entre *ĭ, ŭ* d'une part et *ī, ū* d'autre part.

[64] En vieil-avestique on trouve en principe la graphie avec *-ā*, en avestique récent celle avec *-a* (sauf pour les monosyllabes en avestique récent, qui conservent toujours la voyelle longue ; quant au changement de la voyelle finale en cas d'adjonction d'une particule telle que *-că* 'et' ou *-cĭ̆* 'même (etc.)', voir Hoffmann/Forssman 1996, 113 § 83B).

[65] Kuryłowicz a cru trouver en arménien une parallèle à l'appui de sa thèse, où toutefois le cas contraire s'est produit. En arménien de l'époque historique, l'accent est en permanence sur la dernière syllabe ; la syllabe finale permet des variantes phonologiques, impossibles pour les syllabes non-finales (cf. Kuryłowicz 1964, 103).

ŭ sont allongées en syllabe finale tonique, comme par exemple dans le théonyme mp. *ʾnhyt* /Anāhīd/ (KKZ 8) < v.-iran. **Anāhĭtā-* ou dans pehl. *gʾhwkʲ* /gāhūg/ 'catafalque' < v.-iran. **gāθu-ka-*. En conclusion, il vaudrait mieux ne pas prendre en compte les soi-disant indices vieux-perses pour déterminer la place de l'accent.

3.3.3. Au niveau du vieil-iranien, Meillet (cf. ci-dessus 1.8.) a envisagé pour les Gāθās une accentuation vieil-avestique très semblable à celle du latin classique ; sa règle d'accentuation dit entre autres que l'accent était toujours porté par la pénultième dans les dissyllabes, et par la même syllabe dans les polysyllabes, à condition qu'elle soit 'lourde', sinon l'accent frapperait l'antépénultième. Cette règle fut approuvée par Gauthiot, qui modifia toutefois la thèse de Meillet dans la mesure où il croyait la règle valable pour toutes les langues iraniennes [66].

Bien qu'on puisse trouver dans les langues vieil-iraniennes quelques beaux exemples qui, par le biais de leurs parallèles au niveau de l'iranien moyen ou moderne, semblent prouver la justesse de la règle d'accentuation établie par Meillet [67], il est tout autant facile de trouver des contre-exemples qui la contredisent. Concrètement, cela veut dire par exemple que des mots tels que v.-iran. **u̯ísati-* : pehl. *wystʲ* /wīst/, pers. mod. *bīst* 'vingt' ou avest. *páθana-* : pehl. *pʾhnʲ* /pahn/, pers. mod. *pahn* 'large' ou encore avest. *yázata-* plaident en faveur de la thèse de Meillet, alors que des contre-exemples comme paštō *(w)šəl* (< **u̯īsáti-*; mais cf. paštō *-wišt* < **ʹ-u̯īsati-* dans les mots composés), paštō *plən* (< **paθána-*) et pers. mod. *īzad* (< **i̯azáta-*) la désavouent (cf. aussi Henning 1942, 52sq. n. 4 [= 1977, 163sq. n. 4]).

Ce problème n'est pas resté ignoré de Gauthiot en particulier [68], mais avec Henning il faut se demander pourquoi il existe de telles contradictions comme celle entre mp. *yaz(a)d* < v.-iran. **i̯ázata-* et pers. mod. *īzad* < **ēzád* < v.-iran. **i̯azáta-* (pour l'évolution de #i̯a- en #ī- voir aussi Klingenschmitt 2000, 198 n. 22). Gauthiot 1916, 11sq. l'avait imputée au fait que mp. *yázad*

---

[66]   Gauthiot 1916, 2 : "En effet, les règles d'accentuation posées par M. Meillet pour le persan, et d'ailleurs appliquées par lui-même à l'avestique, valent pour l'ensemble des langues iraniennes ; elles sont *iraniennes communes* (...)" [mots soulignés par Gauthiot].

[67]   Pour une liste plus détaillée d'exemples de diverses (phases de) langues iraniennes, voir Gauthiot 1916, 1-10.

[68]   Cf. Gauthiot 1916, 2 : "Assurément il n'est pas toujours aisé de trouver dans les divers parlers des exemples valables, bien attestés, phonétiquement corrects et francs de toute altération savante (...). Mais que l'on ne perde pas de vue que c'est la valeur, non le nombre des exemples, qui emporte la décision".

remonte à un nom. sing. *yázatah, alors que pers. mod. īzád remonte au contraire à un gén. sing. *yazátahạya. Mais on suivra Henning sur ce point : cette interprétation ne permet pas de donner une explication satisfaisante dans les limites du système avec différents types d'accentuation établi par Gauthiot (cf. ci-dessus 1.8.) ; cela n'explique nullement *pourquoi* il aurait été ainsi, mais affirme juste *qu'*il a été ainsi.

3.3.4. Dans une étude sur l'accentuation en ossète, Fridrik Thordarson 1990, 265sq. a cru constater que dans cette langue iranienne orientale — que nous pouvons au moins partiellement suivre de la phase vieil-iranienne jusqu'à la langue moderne (tout comme en persan moderne) —, il y avait à la fois des indices confirmant la loi trisyllabique selon Meillet et Gauthiot (cf. 3.3.3.), et des indices en faveur d'une accentuation générale de la syllabe finale de Kuryłowicz (cf. 3.3.2.). Sans entrer dans le détail, Thordarson a fait part dans sa conclusion de son impression selon laquelle les deux théories pourraient être valables, mais pour des périodes chronologiquement distinctes.

3.4. Vers la fin de la phase linguistique vieux-perse, une généralisation de la déclinaison des thèmes en -ắ- s'est produite pour les noms, comme chacun sait [69] ; en outre, lors du passage du vieux- au moyen-perse, les désinences non-accentuées ont globalement chuté. On trouve déjà des premières indications dans les inscriptions achéménides : en effet, c'est peut-être la seule explication possible pour des erreurs aussi monstrueuses que vp. *būmām* au lieu de *būmīm* en accus. sing. fém. [70]. La perte de la syllabe finale a apparemment été provoquée par une intensification de l'accent ; il faut supposer que cet accent était mis à l'origine (c.-à-d., au niveau vieil-iranien) sur la syllabe pénultième, ce qui en retour a causé l'apocope de la syllabe finale posttonique.

Dans cette phase, le développement de l'accentuation se déroule de manière parallèle à celui de l'arménien, qui, à une époque protohistorique, avait fixé un accent d'intensité sur la syllabe pénultième du mot. Par la suite, la

---

[69]   Comparer aussi le latin tardif, où le paradigme de la 2ᵉ déclinaison *servus*, gén. *servi* 'esclave' s'est imposé au détriment de la 4ᵉ *manus*, gén. *manus* 'main'.

[70]   Sur ce point, voir plus en détail Schmitt 1989, 60 : "Es handelt sich, teilweise ganz deutlich, um die Versuche einer Rückverwandlung gesprochener, offenkundig ihrer Endungen schon verlustig gegangener Formen in solche der Schriftsprache Altpersisch, Versuche allerdings, die fehlschlugen und nur deshalb für uns noch sichtbar sind : ap. *imām būmĭm* 'diese Erde' (Akk.) > /būm/ (= mp. <bwm> /būm/) → pseudo-ap. *imām būmām*" etc.

syllabe finale a chuté en raison de la faible tonalité, mais seulement après l'intégration de nombreux mots d'emprunt moyen-iraniens occidentaux. En arménien moderne, tant occidental qu'oriental, l'accentuation de la syllabe finale s'est quasiment généralisée sans exception.

3.5. Cet état de choses pour les noms, également perceptible en persan moderne, est tout naturel car après la chute de la syllabe finale, la pénultième devient finale. Il n'est pourtant pas improbable que, lors de ce processus, des désinences longues de plus d'une seule syllabe aient pu être partiellement 'sauvées' en moyen-perse, contrairement aux syllabes plus courtes. Pour le paradigme des thèmes en *-ă-* cela voudrait dire par exemple que toutes les désinences du singulier (nom. *'-aʰ* > *'-e* > *'-Ø*, accus. *'-am* > *'-u* > *'-Ø*, instr. *'-ā* > *'-ā* > *'-Ø*, abl. *'-āˡ* > *'-ā* > *'-Ø*, loc. *'-aiy* > *'-ay* > *'-Ø* et à côté de celle-ci *'-ay-ā*, augmentée de la postposition *ā*), à l'exception de celle du génitif (*-áhạyā* > *-ĕ̌h*), auraient été réduites à néant (*-Ø*).

C'est là justement qu'Andreas (cf. ci-dessus 1.5.) a voulu chercher l'origine du *-y* final ; son opinion, selon laquelle le *-y* final moyen-perse remonterait à la désinence du génitif *-ahạyā*, a longtemps été acceptée de façon presque générale (cf. p. ex. Horn 1898-1901, 100 ; Meillet 1900, 257 ; Gauthiot 1916, 16). Au début, Hübschmann (cf. ci-dessus 1.5.) était relativement isolé dans son scepticisme quant à cette théorie, mais plus récemment Henning (cf. ci-dessus 1.6.) a lui aussi soupçonné que *-y* ne peut remonter (uniquement) à *-ahạyā*.

En dernier lieu, Back 1978, 37 était parvenu à la conclusion que "die lautliche Struktur der meisten mp./np. Nominalformen es nicht erlaubt, festzustellen, welcher altir[anische] Kasus dem Singular zugrunde liegt" ; il lui semble néanmoins peu probable que *-ahạyā* soit à l'origine de *-y*. En partant de la linguistique générale, Back 1978, 35 remarque à propos de ce problème que la fonction du génitif a toujours été très forte au pluriel, tandis qu'au singulier ce sont plutôt le nominatif et l'accusatif qui dominent d'un point de vue *fonctionnel*. D'un point de vue *structurel*, toujours selon Back, on attend à côté d'un pluriel marqué *-ān* le non-marquage dans l'opposition binaire avec le singulier, c.-à-d. qu'au singulier, il n'y a point besoin d'une désinence particulière. Face au pluriel marqué en *-ān* (< vp. *-ānām*) en moyenperse, toute désinence autre que celle du génitif — donc aussi celle du nominatif — entre en considération pour un nom. sing. moyen-perse non-marqué. Cette théorie (cas dir./obl. sing. et cas dir. plur. *-Ø*, obl. plur. *-ān*) a néanmoins tendance à trop simplifier l'état des choses et il faut par conséquent faire davantage de différenciations [71].

3.6. Si les prémisses concernant l'accentuation en vieil-iranien, telle que nous l'avons décrite ci-dessus en 3.3. s'avèrent correctes, il y a de très bonnes raisons pour affirmer que l'accent iranien s'est développé d'une manière fort semblable à celle des langues italiques à partir du latin protohistorique jusqu'au langues romanes modernes, en particulier jusqu'au français actuel, avec dans l'ensemble une accentuation très forte de la syllabe finale. Car dans ce cas, le point de départ en iranien commun serait tout à fait comparable à celui du latin prélittéraire, et le point final du persan moderne avec celui du français moderne. Dans ce contexte, il me paraît utile d'une part de vérifier les quelques rares indices que nous fournit la phonologie historique du moyen-perse à propos de la place de l'accent dans la période immédiatement précédente (le passage du vieux- au moyen-perse), et d'autre part d'insérer une brève discussion concernant le développement du système des cas en ancien français et de l'accentuation liée à cela, en comparaison continue avec les faits des langues iraniennes.

3.6.1. (a) En latin prélittéraire, l'accent libre hérité de l'indoeuropéen fut dans un premier temps relayé par une accentuation générale de la syllabe initiale, comme dans les dialectes sabelliques. On peut prouver l'existence d'un tel accent initial grâce aux nombreuses formules allitérantes de la langue religieuse et juridique ou à l'aide de l'accentuation *fácilius* chez les auteurs scéniques. Mais il s'exprime le plus clairement là où les voyelles (brèves) dans toutes les syllabes non-premières ont été réduites voire syncopées, ce qui à son tour est à nouveau un indice pour le caractère expiratoire ('accent d'intensité') de cet accent initial protohistorique ; comparer à cela par exemple lat. *fácio* 'je fais', mais **cónfacio > confício* 'je fabrique', **cónfactus >*

---

[71] Il s'avère que la théorie n'est pas valable pour la *totalité* des langues iraniennes, comme le montre la comparaison avec les paradigmes des déclinaisons en paštō ; les formes du singulier de l'oblique y sont marquées dans la plupart des paradigmes féminins ainsi que dans quelques paradigmes masculins, et sont identiques aux formes du pluriel du direct, alors que par exemple les formes du voc. plur. sont identiques à celles de l'obl. plur. (cf. Skjærvø 1989a, 390sq.). Même en moyen-perse, la thèse de Back vaut bien pour le pehlevi des livres, mais d'après l'étude de Cantera Glera 1999, 199sq., elle n'est pas valable par exemple pour la traduction pehlevie du *Wīdēwdād* : le nom. plur. avestique a été rendu par l'obl. plur., et le gén. plur. avestique (75 attestations) non seulement a été rendu 36 fois par l'obl. plur. marqué, mais aussi 34 fois par le dir. plur. non-marqué (l'auteur ne donne pas d'explication pour les cinq cas restants).

conféctus 'fabriqué', avec réduction de *ă* à *ĭ* resp. *ĕ* dans la — à l'origine — deuxième syllabe posttonique ; ou encore lat. *aéstimo* 'j'estime', mais *exístimo* 'j'estime, présume, évalue', avec contraction de la diphtongue *ae* (**ai* > **ei*) à *ī*, ce qui ne s'explique que si l'on assume une prononciation **éxaistumo* à un moment donné antérieur ; de même manière, lat. *dexter* 'à droite' < **déxiter* (cf. gr. δεξιτερός 'ce qui se trouve à droite') avec syncope du *ĭ* dans la deuxième syllabe posttonique [72].

(b) Il est vrai qu'en vieux-perse il n'y a plus de traces perceptibles de la réduction de voyelles brèves, alors qu'il y en a en vieil-avestique, mais pas forcément dans la deuxième syllabe (voir Kellens 1989, 37-39 pour les détails) [73]. Mais comme l'a expliqué en dernier lieu Klingenschmitt 2000, 210sq. de manière détaillée, on trouve en moyen-perse quantité de tels indices pour une syncope de voyelles brèves posttoniques en deuxième syllabe ouverte, à la fois pour les noms (cf. v.-iran. **zárita-* [avest. *zairita-*] > pehl. *zlt*[/] /zard/ 'jaune') et pour les formes verbales (en particulier celles de la 3ème pers. sing. ind. prés. act. du moyen-perse plus ancien, comme dans mp. man. *kwnd, qwnd* /kund/ [74] 'il/elle fait' < v.-iran. **kúnati*, contrairement au moyen-perse plus récent qui emploie des formes innovantes d'après la conjugaison en *-ai̯a-*, comme dans pehl. *kwnyt*[/] /kunēd/, pāz. *kunā̰t*, ou déjà dans mp. man. *kwnyd, qwnyd* — les textes manichéens utilisent plus souvent ces formes-là que celles, originales, mentionnées ci-dessus). En revanche, à cause de la rareté relative de mots longs, contenant plus de trois syllabes, *et à la fois* non composés, il est difficile de trouver des exemples non ambigus démontrant l'influence d'une accentuation originellement initiale, comme cela paraît être le cas dans mp. man. *zyndg* /zīndag/ 'vivant, vivace' < v.-iran. **ji̯uantaka-* (il existe toutefois à côté la forme pehl. *zy(w)ndk*[/] avec graphie historique) ; dans des formes plus courtes, la syncope peut être due à

---

[72] Quand au juste eut lieu le passage de l'accent libre hérité à une accentuation de la syllabe initiale, ne peut être établi avec certitude. En tout cas, les inscriptions latines les plus anciennes (vers 500 av. J.-C.) ne sont pas encore concernées par l'affaiblissement dans les syllabes non-premières, alors qu'à l'inverse, même les plus anciens emprunts au grec ont déjà subi ce développement ; pour plus de détails, je renvoie à Leumann 1977, 246-48 et Sommer/Pfister 1977, 73sq.

[73] En indoaryen ancien, l'accentuation libre héritée des textes védiques a manifestement été remplacée directement par la loi des quatre syllabes de l'indoaryen récent dans les textes en sanskrit classique. Le parallèle avec la branche indoaryenne ne nous avance pas pour autant, étant donné que l'accent s'y est développé d'une manière totalement différente qu'en latin au niveau du moyen indoaryen et de l'indoaryen moderne.

[74] Klingenschmitt 2000, 211 exclut catégoriquement une prononciation [†]/kunad/ (comme c'est le cas plus tard en persan moderne ; cf. aussi ci-dessous n. 135).

l'influence d'une accentuation semblable à celle de la loi trisyllabique en latin.

3.6.2. Vers le 4e s. av. J.-C., l'accentuation de la syllabe initiale en latin a été remplacée par les règles bien connues de la loi trisyllabique [75] qui a déterminé l'accentuation latine durant toute la période historique : l'accent (principal) frappe la pénultième quand celle-ci est longue (soit *natura* ou *positione*, c.-à-d. quand elle se termine par une voyelle longue ou quand elle est fermée, c.-à-d. quand elle est suivie de plus d'une consonne — pour être plus précis, il faudrait parler d'une syllabe 'lourde') ; sinon, l'antépénultième porte l'accent. Le latin vulgaire, d'où sont issues les langues romanes, avait en revanche (en permanence) un accent fort sur la pénultième. Aussi par exemple, la pénultième ayant une voyelle brève devant *muta cum liquida* ne porte pas l'accent en latin classique [76], tandis que dans la langue vulgaire et en roman commun, l'accent frappe la pénultième avec réduction de la syllabe finale : comparer par exemple lat. class. *íntegrum* 'complet, intact' (adj., neutre) et lat. vulg. **intégrum* > fr. *in'tègre*, port. *in'tégru* ou lat. class. *cáthedra* 'chaire' et lat. vulg. **cathédra* > fr. *ca'thèdre*.

3.6.3. (a) Après la disparition du système des cas en latin, due à l'apocope des désinences, une flexion avec 'cas-sujet' et 'cas-régime' se constitue en ancien français, correspondant grosso modo aux *casus rectus* resp. *casus obliquus*. Ce changement a provoqué des divergences d'accentuation pour les noms ancien-français issus des imparisyllabes latines ou — encore plus évidentes — des différences dans le nombre de syllabes : comparer par exemple les formes du 'cas sujet' lat. vulg. *ábbas* > anc. fr. *abes*, lat. vulg. *báro* > anc. fr. *ber*, lat. *látro* > anc. fr. *lerre*, lat. *népos* > anc. fr. *nies* avec les formes du 'cas-régime' correspondantes lat. vulg. *abbátem* etc. > anc. fr. *abé*, lat. vulg. *barónem* etc. > anc. fr. *baron*, lat. *latrónem* etc. > anc. fr. *larron*, lat. *nepótem* etc. > anc. fr. *nevout*. Certaines de ces différences sont encore perceptibles en français moderne : comparer sur ce point par exemple (anc. fr. *compaign* >) fr. *compain* [forme issue du cas-sujet] : fr. *compagnon* [forme issue du cas-régime] ; (anc.) fr. *gars* [cas-sujet] :

---

[75] Comparer par exemple déjà Cicero, *orat.* 58 : *ipsa enim natura, quasi modularetur hominum orationem, in omni verbo posuit acutam vocem, nec una plus, nec a postrema syllaba citra tertiam* "La nature même a posé, en quelque sorte pour rendre le discours humain mélodique, sur chaque mot un accent, mais jamais plus qu'un seul et jamais avant l'antépénultième".

[76] Sur ce point, comparer Sihler 1995, 77 § 81.6a : "What is at stake here is scansion and syllable weight rather than vowel length (...)".

(anc.) fr. *garçon* [cas-régime] ; (anc. fr. *pastre* >) fr. *pâtre* [cas-sujet] : fr. *pasteur* [cas-régime] ; (anc.) fr. *sire* [cas-sujet] : (anc. fr. *seignor* >) fr. *seigneur* [cas-régime] ; (anc. fr. *mieudre* >) fr. *mieux* [cas-sujet] : (anc. fr. *meillor* >) fr. *meilleur* [cas-régime], etc.

(b) En persan aussi, dans un premier temps un cas à deux systèmes (cas direct et cas oblique) est issu de l'ancien système des cas ; au niveau moyen-iranien, l'opposition entre les deux cas s'est surtout maintenue pour les noms de parenté des anciens thèmes en -*r*-, comme l'ont découvert indépendamment l'un de l'autre Sims-Williams 1981, 166-71 pour le moyen-perse des textes manichéens et Skjærvø 1983a, 51-53 et 176sq. pour la langue moyen-perse du psautier et des inscriptions : comparer par exemple les formes du singulier mp. man. *br'd* : *br'dr* /brād(ar)/ 'frère' ; *dwxt* : *dwxtr* /duxt(ar)/ 'fille' ; *m'd* : *m'dr* /mād(ar)/ 'mère' ; *pws* : *pwsr* /pus(ar)/ 'fils' ; *pyd* : *p(y)dr* /pid(ar)/ 'père' et mp. inscr. *ABY* : *ABYtr* /pid(ar)/ 'père' ; *AMY* : *AMYtl* [77] /mād(ar)/ 'mère' ; *BRE* : *BREr* /brād(ar)/ 'frère' ; *BRTE* : *BRTEr* /duxt(ar)/ 'fille' avec lat. *sóror*, anc. fr. *suer* 'sœur' : lat. *sorórem*, anc. fr. *soror* (encore dans fr. 'sororal'). Les faits relevés par Sims-Williams et Skjærvø concernant un système à deux cas en moyen-perse dans les textes manichéens, les inscriptions et le psautier ont par ailleurs été récemment confirmés pour la traduction pehlevie de l'Avesta, comme l'a souligné à juste titre Alberto Cantera Glera 1999, 194-201. Les indices sont toutefois maigres et dans ce cas, la distinction est moins pertinente pour les noms de parenté, pour lesquels le peu de matériau ne permet aucune affirmation précise, que pour le pronom personnel de la 1ère pers. sing., pour lequel dans la traduction pehlevie du *Wīdēwdād* et du *Yasna* une distinction rigoureuse se fait encore entre les araméogrammes du cas direct (*ANE*) et ceux du cas oblique (*L* ; cf. *ibid.*, 200sq.).

Parallèlement se trouvent encore en moyen-iranien occidental des indices isolés d'un changement de place de l'accent — en partie paradigmatique — (sur ce point voir Klingenschmitt 2000, 212sq.), comme dans mp. man. *nyk, nyq* /nēk/ (< nom. sing. v.-iran. *nái̯uakᵃh*) : pehl. *nywkʲ* /nyak/ > /nēk/, pāz. *niiak* (< gén. sing. v.-iran. *nai̯uákahi̯a*) ou encore dans pehl. *p'kʲ*, mp. man. *p'k* /pāk/ (< v.-iran. *pā́i̯uakᵃh*, cf. indoar. anc. *pāvaká*-) : pa. man. *pw'g* /pawāg/ (< v.-iran. *pau̯ā̃kᵃh* ; comparer la relation inverse dans l'anthroponyme /Pā(k)čihr/, attesté dans l'inscription ŠKZ mp. 29 *pwkctry*, pa. 24 *p'šhr* [voir Huyse 1999/2, 141sq.]).

---

[77]   Cette forme n'est attestée que dans le psautier, et non dans les inscriptions (voir Skjærvø 1983a, 163).

3.6.4. (a) La plupart des formes nominales en français moderne remontent aux formes du 'cas-régime' d'ancien français, alors que les formations dérivées du 'cas-sujet' ne constituent qu'une minorité. Pour cette raison, il vaut la peine de s'arrêter un instant sur les premières formes qui correspondraient en iranien aux formes du cas oblique. Malheureusement, il n'est plus toujours facile de déterminer de quel cas latin sont issus les noms ancien-français ; mais grâce notamment à la différence du nombre de syllabes, cela reste le mieux possible dans le cas des noms qui se sont développés à partir de la 3ᵉ déclinaison latine des imparisyllabes (cf. ci-dessus 3.6.3.(a)).

Depuis déjà fort longtemps en effet, un cas litigieux partage les romanistes pour savoir si des formes telles que fr. 'pied', 'lion', 'fleur' remontent en définitive aux formes de l'accusatif latin de la 3ᵉ déclinaison imparisyllabique *pedem, leonem, florem*, ou si au contraire elles sont plutôt issues d'un 'cas universel' qui aurait réuni en soi plusieurs fonctions syntaxiques du cas oblique. Les deux théories ont leurs fervents partisans, mais dans l'ensemble on a tout de même l'impression que l'autorité de Wilhelm Meyer-Lübke, un des romanistes de premier plan au dernier siècle, a pendant longtemps fait sortir vainqueurs de ce débat les sympathisants de la 'théorie de l'accusatif'. Malgré tout, la 'théorie du cas oblique' a probablement plus de chance d'être plus proche de la vérité.

Dans le contexte présent, nous ne nous attarderons pas sur les détails ; mais il me semble par exemple que Paul A. Gaeng 1983, 161-64, s'appuyant sur une étude détaillée des inscriptions latines chrétiennes de tout l'empire romain occidental depuis le 3ᵉ s. ap. J.-C. tardif jusqu'au début du 7ᵉ s. ap. J.-C., s'est engagé à juste titre en faveur de la thèse selon laquelle l'ablatif latin serait au moins autant à l'origine des formes en ancien-français et ancien-provençal que l'accusatif. Des constructions souvent fautives comme '*titulo* (au lieu de *titulum*) *posuerunt*' ou '*contra voto* (au lieu de *votum*)' le soulignent bien. Le fait que les formes de l'accusatif et de l'ablatif se confondent peu à peu en latin a finalement conduit à des syntagmes hybrides comme '*contra votum suo* (au lieu de *suum*)' voire à des formations hypercorrectes comme dans '*cum uxorem suam* (au lieu de *uxore sua*)', où le pronom possessif a pris la désinence du même (faux) cas afin de rétablir la congruence avec le nom.

(b) Alors que les formes hypercorrectes du latin tardif rappellent des évolutions similaires en vieux-perse tardif (cf. ci-dessus 3.4. et n. 70), on pense aussi à un développement parallèle en sogdien à partir de l'effondrement du système des cas dans les langues iraniennes. À mon avis, Sims-Williams 1982, 73 a prouvé de manière aussi impressionnante que convaincante pour cette langue du moyen-iranien (oriental) que la désinence -*y* des cas obliques des thèmes lourds (cf. Sims-Williams 1985a, 198sq.) est issue simultanément du loc. sing. masc. en -*ayā* et du gén.-loc.-abl. sing. fém. en -*āyā(h)*. Il nous faudra examiner la situation du moyen-perse dans le chapitre suivant, mais là aussi, des indices laissent supposer que l'effondrement du système à deux cas et son remplacement par un système à un seul cas avait commencé dès le proto-moyen-perse ; je rappelle ici la confusion entre cas direct et oblique au pluriel dans la traduction pehlevie du *Wīdēwdād* pour rendre le gén. plur. de l'original avestique (cf. n. 71).

3.7. Avant de passer enfin à une tentative d'explication des formes moyen-perses attestées dans les inscriptions, je m'attarderai encore brièvement sur un autre phénomène d'une langue moyen-iranienne, dans lequel l'accentuation a sans doute également joué un rôle.

À plusieurs reprises, on s'est interrogé pour savoir si le -o final dans les inscriptions bactriennes ne serait pas d'un type semblable à celui du -*y* final dans les inscriptions moyen-perses (cf. Brunner 1981, 119 avec plus de références). Mais qu'en est-il de ce -o des inscriptions bactriennes ? À juste titre, Sims-Williams 1985b, 114 avait déjà attiré l'attention sur le fait que dans ces inscriptions bactriennes où apparaissent encore d'autres voyelles finales que le -o final, celles-ci sont d'importance étymologique : comparer par exemple bactr. λιζα < v.-iran. **dizā-* 'forteresse' (Surx Kōtal [SK], version B) ou bactr. φροχορτινδι < v.-iran. °*hanti* 'ils se retirent' (SK, version B). En revanche, dans la version M de l'inscription de Surx Kōtal ces formes sont écrites avec la terminaison -o. On avait l'impression que le -o plus récent avait en fin de compte évincé complètement les autres terminaisons et qu'il s'était imposé même là où il n'avait pas sa place à l'origine, comme dans bactr. voþαλμο < v.-iran. **ni-šadman-* 'siège' (SK, version M). Ce processus était assurément encore en plein développement au moment où les inscriptions bactriennes en écriture monumentale grecque ont été mises par écrit au 2e s. ap. J.-C.

La découverte de l'inscription bactrienne de Rabatak (R) en 1993, puis son déchiffrement par Sims-Williams dans Sims-Williams/Cribb 1996 n'a pas seulement réussi à confirmer l'ancienne présomption à propos du -o final, mais a également conduit à une meilleure compréhension de la flexion nominale et des désinences en bactrien. Il est apparu que la répartition du -o final dans R est plutôt comparable à celle de la version B de l'inscription SK qu'à celles des versions A et M de la même inscription (cf. Sims-Williams/ Cribb 1996, 88-90 pour plus de détails). Comme déjà dans les cas mentionnés auparavant (cf. 3.6.3.), on retrouve également dans la flexion nominale bactrienne un système à deux cas (cas direct et oblique) et deux nombres (sing. et plur.), système le mieux attesté pour les radicaux thématiques : cas direct sing. -o, cas oblique sing. -ε ou -ι, cas direct plur. -ε, cas oblique plur. -αvo.

C'est justement l'alternance de -o avec -α, -ε , -ι[78] qui montre que -o n'a pas été — du moins pas à l'origine — un simple séparateur de mots, mais qu'il constitua au début une réalité phonologique[79]. Par ailleurs, le fait que des mots isolés sur les monnaies bactriennes présentent également ce -o, va aussi dans le même sens. Au départ, c'était très vraisemblablement la représentation d'une voyelle brève réduite[80] ; d'autres indices en bactrien (cf. Sims-Williams 1989, 234) et apparemment aussi des indices indirects en tocharien (cf. Schwartz 1974, 410) semblent appuyer cette hypothèse. Dans une phase suivante, dont nous pouvons suivre la transition dans les inscriptions bactriennes du 2e s., le -o est devenu un simple 'signe graphique final'[81] d'après la terminologie de Trubetzkoy ; dans la mesure où le fragment manichéen M1224 de Berlin (8e/9e s.)[82], découvert en 1958, est réellement représentatif de l'état de la langue bactrienne tardive, il a en définitive entièrement disparu. La forme du -o final (que visuellement on peut interpréter non seulement comme un omicron grec, mais aussi comme un petit cercle en fin de mot) aura sans doute encore accéléré la transition à partir d'une voyelle réduite vers un pur signe final et un séparateur de mots.

---

[78] Il va de soi que ceci n'est valable que dans les cas où -ε, -ι ont la même fonction morphologique que -o et ne renvoient pas à un autre cas.

[79] Sur ce point, voir Harmatta 1969, 343. Cf. aussi Morgenstierne 1970, 126 : "On the whole I think that in such cases *o* expressed a reduced vowel *ə*, phoneme or allophone (...). A complete loss of most final vowels in E[ast] Ir[anian] at this early date would be most surprising".

[80] Pour la réelle qualité phonologique du o final, voir Lazard dans Lazard/Grenet/De Lamberterie 1983, 220-22.

[81] Voir déjà Henning 1960, 50 [= 1977, 548] : "it is possible that here and there a closing omicron expressed a vowel actually pronounced in speech at the time of the inscription ; in most cases it functioned virtually as a word-divider". Comme ce o final était déjà "probably silent" à l'époque des inscriptions kouchanes du 2e s. ap. J.-C., on peut considérer la désinence du cas direct sing. comme étant non-marquée, de sorte qu'elle pouvait remplacer celle du cas oblique sing., et même celle du cas direct plur. (cf. Sims-Williams dans Sims-Williams/Cribb 1996, 89).

[82] Voir l'édition provisoire de Gershevitch 1980 (pour d'autres références bibliographiques voir Tremblay 2001, 163 n. 271).

4. Une tentative d'explication
des formes attestées dans les inscriptions

4.1. Avant de commencer ma tentative d'explication, je résume une fois encore les observations les plus importantes des deux chapitres précédents.

4.1.1. De l'exposé descriptif du chap. 2 concernant la répartition du *-y* final on peut retenir que ce signe final apparaît toujours après les monosyllabes dans les inscriptions les plus anciennes, — sauf après la préposition *plᵓc / prᵓc*, toujours écrite sans *-y*, tout comme la particule *ᵓyw* (qui figure en même temps comme nombre cardinal 'un') —, et après quelques anciens thèmes en *-u-*, dont on peut présumer qu'ils ont gardé une trace de la voyelle du radical en position finale au lieu du *-y*. *En règle générale*, les dis- et polysyllabes présentent un *-y* final après une syllabe à voyelle brève (n^x V̆ *y*), mais le *-y* manque dans la plupart des cas après une syllabe à voyelle longue (n^x V̄ Ø). Parmi les dis- et polysyllabes, les composés avec **-pati-* forment une exception, car ils ne présentent pas (sauf *dlpty* et *dzpty*) de *-y* final ; à l'inverse, les composés dis- et polysyllabiques, remontant à un nom verbal ayant une syllabe à voyelle longue, tout comme les abstraits formés à l'aide du suffixe *-yh* /-īh/ et tous les mots à voyelle longue (*-ā, -ē, -ī*) en fin absolue du mot, présentent 'contre toute attente' un *-y* final. Enfin, il existe quelques cas isolés avec et sans *-y*, nécessitant également une explication.

Dans des composés anthroponymiques à plusieurs termes, seul le dernier élément présente un *-y* final, selon les règles mêmes des autres mono- et polysyllabes ; dans tous les non-derniers membres, le *-y* disparaît par conséquent même dans les cas où il aurait été écrit pour le mot simple. Il en va de même pour les formations (pro)patronymiques, où le *-y* du nom propre tombe en règle générale devant le suffixe. Les formes plurielles des thèmes en *-a-* et — dans la mesure où ils ont survécu — des thèmes en *-i-* ne présentent jamais un *-y* final (*-ᵓn* /-ān/, *-yn* /-īn/), contrairement aux formes plurielles des anciens thèmes en *-u-* (*-wny* /-ŭn/). En fin de compte, un *-y* final figure quasiment toujours après les participes parfaits passifs, indépendamment de leur structure.

À l'évidence, au cours du 4ᵉ ou 5ᵉ s., le -*y* final a subi une transformation fonctionnelle ; il est devenu un pur signe final, apparaissant après certaines lettres. Pendant un certain temps, le -*y* a gardé son ancienne fonction à côté de la nouvelle, jusqu'à ce qu'en définitive la nouvelle fonction prenne le dessus et évince complètement celle du début.

4.1.2. Des explications sur l'accentuation et de la comparaison avec l'évolution du système casuel dans les langues italiques du chap. 3, on peut retenir que les désinences atones ont largement disparu lors du passage du vieux- au moyen-perse. La perte de ces terminaisons distinctives a conduit à une simplification du système casuel à deux égards : d'une part, de nombreux radicaux nominaux ont été assimilés aux thèmes en -*a*-, après une phase de transition qui avait déjà commencé dans les inscriptions vieux-perses tardives et qu'on peut illustrer très clairement grâce à toute une série de formes hypercorrectes ; d'autre part on peut observer un net abandon de plusieurs cas dans les inscriptions comme dans les textes manichéens, ainsi que dans le psautier, les premières traductions pehlevies de l'Avesta (*Wīdēw-dād* et *Yasna*), et les 'bons' textes classiques des livres zoroastriens (*Mēnōg ī Xrad*). Dans une première phase, cette perte s'est manifestée dans la transition vers un système à deux cas (direct et oblique) — apparent surtout dans la déclinaison des pronoms et des thèmes en -*r*- — pour mener au bout du compte au système connu à cas universel du pehlevi tardif des livres.

4.2. À l'aide des points de repère fournis au chap. 3, il faut maintenant élucider l'ancienne fonction du -*y* final dans le matériau du chap. 2 que nous avions trié sur des bases purement descriptives. Tout d'abord, il convient de déterminer par quels (groupes de) mots il faut commencer un tel examen. Comme les monosyllabes ont toujours un -*y* final à l'exception de deux mots apparemment isolés et que les dis- et polysyllabes l'ont en règle générale aussi après une syllabe finale à voyelle brève, mais pas après une syllabe à voyelle longue, il semblerait qu'on ne puisse guère se tromper en s'intéressant d'abord à ces groupes de mots (cf. ci-dessus 2.2.), car il est fort vraisemblable qu'ils représentent le cas 'normal' des choses.

Cette hypothèse implique cependant en même temps que tous les autres mots, quoiqu'en nombre considérable, ne représentent pas le cas 'régulier'. À première vue, cette observation paraît banale et superflue ; elle est toutefois d'une extrême importance, surtout si on considère que la masse principale des exceptions concerne des formations productives avec **-pati-* ou avec des suffixes, tels que le suffixe hypocoristique /-ag/ ou le suffixe /-īh/, servant à former des abstraits verbaux. En conséquence, on conçoit aisément que toutes ces exceptions représentent des *innovations* et non pas des archaïsmes par rapport au cas 'régulier'.

4.3. Après ce constat, commençons à présent avec le cas 'normal', et tout d'abord avec les monosyllabes : concernant ce groupe de mots, nous étions parvenu dans le chap. 2.2. à la conclusion provisoire suivante : non seulement il garde le *-y* final dans les inscriptions les plus anciennes — à quelques exceptions près —, mais cela se passe aussi *en apparence* indépendamment de la longueur vocalique, du thème ou de la catégorie de mot. Afin d'établir si ce résultat provisoire obtenu sur la base de critères purement descriptifs peut être confirmé comme tel, il importe maintenant de faire une analyse détaillée des divergences. Celles-ci se divisent en trois catégories.

4.3.1. Mis à part quelques rares noms se terminant par *-w*, sur lesquels je reviendrai ci-dessous en 4.3.3., il n'existe que trois cas sans *-y* parmi les monosyllabes *autonomes* dans les inscriptions *anciennes* (cf. ci-dessus 2.2.3.(2)), à savoir la préposition *plˀc/prˀc* /frāz/ 'devant' (fonctionnant en même temps comme adverbe local), la particule exhortative *ˀyw* /ēw/ [83], et le numéral *ˀyw* /ēw/ 'un', écrit en toutes lettres uniquement dans NPi 26 E2,03 [84]. Abstraction faite de la seule attestation du numéral qui demande quelques explications supplémentaires [85], dans les deux autres cas il s'agit d'indéclinables, de sorte que la raison de l'absence du *-y* pourrait se trouver

---

[83] L'étymologie du mot reste obscure (cf. MacKenzie 1986, 286 concernant Back 1978, 198sq. n°. 75) ; cette particule proclitique — immédiatement avant le verbe — demande toujours l'indicatif (sur ce point voir Skjærvø 1983b/3.2, 139).

[84] En outre, la forme est encore attestée dans le mot composé *ˀywbˀly* /ēw-bār/ 'une fois' (KNRb 3, 9 ; NPi 10 B15,05, 31 F6,02, 32 F9,03, [42 H3,01]), mot qui existe aussi en pehl. *ˀywbˀl* et qui correspond dans les inscriptions à pa. inscr. *HDyˀwr* /ēw-yāwar/.

[85] Sinon, les inscriptions utilisent toujours le signe numéral I ou l'araméogramme *HD*. À côté de la forme mp. inscr. *ˀyw*, mp. man. *ˁyw* /ēw/ < nom. sing. v.-iran. *áiu̯ªh* il en existe une deuxième, élargie du suffixe *-aka-* : pehl. *ˀywkʲ* (avec le trait final après *-k-*), mp. man. *yk* /ēk/ (pers. mod. *yak*) < gén. sing. v.-iran. *ai̯u̯ákahi̯a*, qui toutefois n'apparaît pas dans les inscriptions. Dans les légendes monétaires (cf. Nyberg 1974, 73), on retrouve cependant mp. *ˀywky* avec *-y* final, comme on s'y attend ; sur toutes ces formes du numéral voir aussi Klingenschmitt 2000, 213 avec n. 78.

là [86]. Deux explications pour l'absence du -*y* final dans le numéral sont possibles : soit la forme a subi l'influence analogique de la particule *'yw* (dans ce cas, elle aurait perdu le -*y* final qu'elle avait à l'origine), soit la forme était elle-même devenue indéclinable (dans ce cas, elle n'aurait jamais eu de -*y* final). Si la deuxième solution doit être retenue, ce n'est pas parce qu'il n'existe pas par définition de forme plurielle du nombre 'un', mais parce que même dans un système à deux cas, les nombres cardinaux ont souvent tendance à devenir indéclinables, comme c'est le cas par exemple de sogd. s./ bouddh. *'yw*, man. *'yw*, chr. *yw* 'un' (cf. Gershevitch 1954, 197-99 §§ 1316-19 ; Sims-Williams 1985a, 199). Alternativement, Nicholas Sims-Williams (e-mail du 29.4.2002) attire à juste titre mon attention sur le fait que mp. *'yw* pourrait être un proclitique (pour ce cas aussi, le sogdien fournit des parallèles avec les proclitiques sans désinence sogd. *'δw* 'deux', *'βt* 'sept', *'št* 'huit', *nw* 'neuf', *δs* 'dix' ; sur ce point voir Sims-Williams 1989a, 185 § 3.2.1.3.5.). Sans aucun doute, la présomption avancée ici concernant l'absence générale du -*y* final dans les indéclinables demande évidemment encore confirmation pour les polysyllabes, sur lesquels je reviendrai dans 4.4. [87].

4.3.2. J'aimerais maintenant mettre l'accent sur les *enclitiques* monosyllabiques des pronoms personnels, qui suivent — comme chacun sait — soit le

---

[86] À cette liste, on pourrait encore ajouter la préposition, écrite hétérographiquement, *PWN* /pad/ 'à, vers, dans, par, (etc.)' (pour les références voir Gignoux 1972, 32sq.) ; les araméogrammes ne présentent jamais un -*y* final (cf. n. 92), mais si cette forme est vraiment — comme on l'accepte généralement (cf. p. ex. Nyberg 1974, 155) — un ancien corruptèle, nous aurions ici un indice indirect de la nécessité de partir de mp. **pt* et non pas, par exemple, de *pty*, comme c'est le cas en parthe (Gignoux 1972, 62).

[87] Le mot mp. inscr. *hmy* /ham/ < v.-iran. **hama-* n'est pas — malgré les indications de Gignoux 1972, 23 : 'aussi' — utilisé adverbialement dans les inscriptions, mais uniquement comme adjectif avec le -*y* final 'régulier' dans KKZ 6 *hmy gwnky* /ham gōnag/ 'de la même façon' (cf. la photo dans Henning 1963, pl. LXXIV) ; la référence *hmy gwnky* dans KNRm 15 est probablement à supprimer, l'expression étant sans doute univerbalisée (cf. MacKenzie 1989, 41 : *(h)[m]-gwnky*). Des deux autres attestations pour *hmy*, celle dans KSM 44 †*hmy* (ainsi Back 1978, 463) est à corriger en *hmyw* /hamē/ 'toujours' (adv. ; cf. MacKenzie 1989, 50) et l'autre dans KSM 47 est à supprimer. En outre, mp. inscr. *hm* sans -*y* final est encore attesté deux fois en tant qu'adjectif, mais les deux cas concernent des inscriptions tardives du 7ᵉ s. (ED 17, BL 6), où sont déjà valables les nouvelles règles du trait final (*m* ne fait pas partie des 'six' lettres, cf. ci-dessus 1.2.), si bien que l'absence du -*y* s'y justifie entièrement.

premier mot de la phrase selon la 'loi de Wackernagel' (voir Collinge 1985, 217-19) soit une préposition. Ces pronoms personnels suffixés ne présentent jamais de *-y* final dans les inscriptions [88], bien qu'on l'attende pour le pronom de la 3ème pers. sing. *-š*, puisque celui-ci remonte au gén.-dat. vp. *-šaiy*. De la comparaison de ces monosyllabes enclitiques avec les autres monosyllabes il ressort que ces derniers, dans la mesure où ils peuvent être déclinés, présentent un *-y* final après leur seule syllabe tonique, alors que le signe final manque après les enclitiques atones, étant donné que ceux-ci prennent appui sur le mot qui précède afin de former avec lui une unité accentuelle [89].

---

[88]   Pour les références, je renvoie à Gignoux 1972, 15-39 *passim* (p. ex. *APm* [1ère pers. sing.], *APš* [3ème pers. sing.] ; dans les formes du pluriel *APn* [1ère pers. plur.] et *APšn* [3ème pers. plur.] on n'attend pas, de toute manière, de *-y* final [cf. ci-dessus 2.4.(3)]). Les deux seules 'exceptions' (même s'il ne s'agit pas, ou en tout cas pas directement, de pronoms personnels), que j'y ai pu trouver, ne doivent pas être prises en considération : au lieu de †*ADYNcy* /ēg-iz/ (KNRm 51 [Gignoux 1972, 15]) il faut lire *AD[YNm]* /ēg-im/ (MacKenzie 1989, 46) et au lieu de †*AHRNy* /any/ (KNRm 48 [Gignoux 1972, 15]) lire plutôt *AHRNy[c]* /anīz/ (cf. pers. mod. *nīz*) < v.-iran. **aniia- + čit* (MacKenzie 1989, 45).

[89]   Qu'il soit rappelé ici un parallèle typologique en latin, grâce auquel on voit très bien que les pro- et enclitiques n'ont pas de ton propre. Cela se prouve d'une part grâce à la consonance des prépositions *in* 'dans' pour v.-lat. *en* (cf. aussi gr. ἐν) et *cum* 'avec' pour v.-lat. *com* (cf. Leumann 1977, 241), qu'on explique simplement par la réduction des voyelles en position proclitique ; et d'autre part grâce aux inscriptions latines les plus anciennes, dans lesquelles la séparation des mots est notée par un point ou par les deux-points : les prépositions sont souvent écrites en un seul mot avec le nom qu'ils gouvernent, et les enclitiques *-que* et *-ve* ne sont pas séparés du mot précédent par un séparateur de mots (cf. Leumann 1977, 23). Alternativement, la préposition *plʾc/prʾc* /frāz/ (cf. 4.3.1. et 4.4.1.) pourrait donc le cas échéant être considérée dans ce sens comme un proclitique (sur les prépositions proclitiques en grec voir Sihler 1995, 236 § 243a).

   On pourrait objecter à tout cela que les pronoms enclitiques ne doivent plus être considérés comme des monosyllabes, dès lors qu'ils forment groupe avec le mot tonique auquel ils sont rattachés ; mais il n'en reste pas moins qu'il s'agit de termes à part entière, affectant d'une manière ou d'une autre le mot sur lequel ils s'appuient ; pour le démontrer, il suffit d'évoquer le cas parallèle en grec, où tout mot de plusieurs syllabes ne peut avoir qu'une seule voyelle tonique, sauf dans certaines configurations dans lesquelles un mot est suivi par un enclitique mono- ou dissyllabique (p. ex. mot propérispomène + enclitique [gr. κοῦφός τις, κοῦφόν τινα 'quelqu'un de léger, prompt'] ou mot proparoxyton + enclitique [gr. ἔνδοξός τις, ἔνδοξόν τινα 'quelqu'un de bonne réputation']).

Si, après le pressentiment formulé ci-dessus (cf. 4.3.1.) concernant les indéclinables monosyllabiques autonomes, cette hypothèse quant aux enclitiques s'avérait correcte, il est quasi certain que la présence ou l'absence du *-y* ait un lien direct avec l'intonation.

4.3.3. Avant d'aborder les indéclinables polysyllabiques, il nous reste à commenter un dernier groupe de monosyllabes parmi les noms qui, de façon irrégulière — à ce qui paraît —, ne présentent pas de *-y* mais se terminent en revanche par *-w*. Ainsi que je l'avais évoqué ci-dessus en 2.2.3.(3), la plupart des anciens thèmes en *-ŭ-* sont à l'évidence passés dans le paradigme des thèmes en *-ă-*, mais cela n'empêche pas que nous retrouvions toujours des restes d'anciens thèmes vieux-perses en (*-ĭ-* et) *ŭ-* non seulement dans la version moyen-perse du psautier, les textes manichéens et les livres zoroastriens (cf. Sundermann 1989, 155), mais aussi dans les inscriptions moyen-perses. Certaines formes *plurielles* le montrent bien, en particulier *plcndyn* /frazandīn/ 'descendants, enfants' (MNFd 5 ; cf. bactr. φροζινδινο et — pour ainsi dire avec une double terminaison du pluriel — φροζινδιναυο [Sims-Williams 2000, 230]) et *prwrtyn* /Frawardīn/ [nom du premier mois] (ŠVŠ 1), ou encore *dwšmnwny* sur un sceau et *mgwny* dans les inscriptions de Kerdīr (voir aussi ci-dessous 4.5.5.).

Mais il est probable qu'au *singulier* aussi nous ayons affaire, dans les inscriptions moyen-perses, à une situation semblable à celle du sogdien (comparer Sims-Williams 1985a, 197). Le nom du 18e jour *lšnw* /Rašn/ (DE 42, 2 ; 48, 1/2) < v.-iran. *rašnu-* (cf. avest. réc. *rašnu-* 'juste, nom du dieu de la justice') constitue un premier cas clair. De même, il est probable que *mgw* /mow/ (ŠPs-I 7) [90] a également conservé un résidu d'ancien thème original en *-u-* [91]. Par contre, le cas de l'anthroponyme *mrdw* /Mard/ (ŠKZ 29) est

---

[90]   Les éditeurs antérieurs ont lu ici sans aucun problème *mgw* dans *nrshy ZY mgw ZY wr'c'n* /Narseh i mow i Warāzān/ 'Narseh, le mage, (de la famille) Warāzān' (cf. Gignoux 1972, 13) ; la photo dans Henning 1963, pl. LXXXV ne permet pas sur ce point une interprétation sûre, me semble-t-il. Les deux attestations dans KNRm 40 et 42 (cf. Gignoux 1972, 28) doivent toutes deux être remplacées par 40sq. *(mg)w/-[GBRA]* et 42 *(mg)w[G](B)[RA]* /mowmard/ 'mage' (cf. MacKenzie 1989, 44) ; là, le mot devient terme d'un mot composé, pour lequel s'appliquent d'autres règles (cf. ci-dessus 2.4.(1) et ci-dessous 4.7.2.).

[91]   Pour ne rien laisser de côté, je rappelle ici que la langue parthe est plus conservatrice que le moyen-perse ; car alors qu'en moyen-perse de nombreux thèmes en *-u-* sont devenus des thèmes en *-a-*, ce phénomène est beaucoup moins perceptible en parthe :

moins évident : on ne peut totalement exclure que le lapidaire ait arrondi le -*y* final à cet endroit si bien qu'il ressemblait à un -*w*, car dans les versions parallèles ni pa. inscr. *mrd* (ŠKZ 24) ni gr. Μαρδ (ŠKZ 57) ne semblent justifier l'hypothèse d'un thème en -*u*- (pour l'explication du nom voir encore Huyse 1999/2, 139sq.).

Ce résultat d'analyse entraîne de sérieuses conséquences pour l'explication du -*y* final, car si le signe final remonte vraiment à une ancienne désinence de cas, on comprend facilement pourquoi il manquerait précisément après les noms monosyllabiques *lšnw*, *mgw* et éventuellement *mrdw* (mais pas après d'autres !), puisqu'aucune des anciennes désinences des thèmes en -*ŭ*- aurait mené à /-ay/, /-ī̆/, /-ē̆/ ou à quelque chose de semblable.

4.4. Intéressons-nous enfin aux indéclinables polysyllabiques (adverbes, pré- et postpositions, particules et conjonctions). Toutefois, comme la plupart de ces groupes de mots s'écrivent hétérographiquement et que les araméogrammes ne présentent jamais un -*y* final [92], nos réflexions se limiteront forcément à la seule catégorie des adverbes. Il me semble que doivent entrer en ligne de compte pour une analyse approfondie les mots suivants [93] : les adverbes *ʾndwm* /andom/ 'aussi longtemps que, tant que' (ŠKZ 27), *ʾpyr* /abēr/ 'très' (KSM 41), *ʾwlwny* /ō(r)-rōn/ '(à partir de) là' à la fois dans un sens temporel (p. ex. dans KNRb 23, KKZ 11) et local (p. ex. dans NPi 14 C14,03), utilisé aussi comme postposition (cf. KSM 27), *ʾpclwny* /abāz-rōn/ 'en arrière, à reculons' (NPi 22 D13,05), *bylwny* /bē-rōn/ 'à l'extérieur, en dehors' (ŠH 10), *plwny* /par-rōn/ 'au-delà, à partir de' (KNRb 16 etc.) et *plwnc* /par-rōn-iz/ 'aussi au-delà' (KNRb 4) [94] ; les prépositions *ʾpl* /abar/

---

comparer par exemple l'anthroponyme mp. inscr. *ʾrtwʾn* (ŠKZ 32, 35) opposé à pa. inscr. *ʾrtbnw* (ŠKZ 26, 28).

[92] Ou, plus exactement, le -*y* final ne s'attache pas directement après le 'bare mask', mais dans le meilleur des cas suit après un complément phonémique, comme dans NPi 7 B10,02 mp. *OBDky* /bandag/ 'serviteur, sujet' ou dans ŠKZ 3 pa. *OBDkpy* /bandagīf/ 'servitude, esclavage'.

[93] La préposition mp. inscr. ✝*ʾndymn* (NPi 19 D8,02) dans Gignoux 1972, 16 est à remplacer par *ʾnd[. .]n* d'après Skjærvø 1983b/3.1, 79 ; le sens reste toutefois obscur (voir Skjærvø 1983b/3.2, 72).

[94] Le mot *ptylky* /padīrag/ (cf. mp. man. *pdyrg*, pāz. *padīra*) n'est attesté qu'une seule fois dans les inscriptions (NPi 17 C6-7,06 : *pt[y]lky*). Skjærvø 1983b/3.2, 120 le traduit comme un adverbe ayant le sens de 'towards' (cf. aussi Gignoux 1972, 32 'devant'). En combinaison avec le verbe suivant *YATWNd* /āyēnd/ 'ils venaient' (prés. hist., cf. Skjærvø 1983b/3.2, 42), une interprétation comme adjectif prédicatif

'(sur, au-dessus, par-dessus,) dans' (DD 3) et *p(yš)ydy* /pēšē/ 'devant' (KSM 37 etc.) ; les particules *ʾwgwn ... cygwn* /ōwōn ... čiyōn/ 'ainsi ... que' (ŠKZ 35 etc.), *hmyw* (KSM 39 etc.) /hamē/ 'toujours', *hngwn* /hangōn/ 'de même' (NPi 14 C5-6,03 et 16 C12,05) [95] ; la conjonction *ʾywp ... ʾywp* /ayāb/ 'ou ... ou' (KKZ 16 etc.).

4.4.1. Ce désordre hétéroclite s'explique à mon avis de façon assez simple si on sépare systématiquement les choses [96]. Si la présomption faite en 4.3.1. concernant les monosyllabes est exacte, selon laquelle les indéclinables (autonomes) ne présentent pas de -*y* final, les cas suivants ne me paraissent poser aucun problème : *ʾndwm* /andom/ [97] ; *ʾpyr* /abēr/ (pehl. *ʾpyl*, mp. ps. *ʾpyl*, pāz. *awīr*) < v.-iran. **uparia-* (cf. Nyberg 1974, 27 ; Back 1978, 187 ; ainsi que Schmitt 1980, 66 à propos de arm. *verǰ* 'fin, extrémité') ; *ʾpl* /abar/ < v.-iran. **upari* (cf. avest. *upairi*, vp. *upariy*, mp. man. *ʾbr*, pāz. *awar*) ; *hmyw* /hamē/, composé de *ham* (< v.-iran. **hama-*) et *ēw* (< v.-iran. **-aiu̯a-*) ; *ʾywp* /ayāb/, provenant peut-être de vp. **ha̧ya vā api* 'ou quiconque aussi' (?) univerbalisé (cf. Huyse 1998, 37-40) [98]. Dans tous ces

---

ne me paraît pas exclue (dans un pareil cas de structure n^x V̆ on attendrait le -*y* final). D'après Nyberg 1974, 156 le mot est sans nul doute à mettre en rapport avec avest. *paitī̆* + *ⁱar-* 'se tourner (contre) ' (*AirWb.* 183).

[95] La forme mp. inscr. †*hrgw[n]* 'de toute sorte' dans Gignoux 1972, 23 est à remplacer par *hrgwp[t]* d'après Skjærvø 1983b/3.1, 97 ; de même, mp. inscr. †*hwbdyn* 'de bonne coutume' dans Gignoux 1972, 24, est également à remplacer par *HWBDW[N]* d'après Skjærvø, *ibid.*, 98.

[96] Je reviendrai sur la forme *pyšydy* ci-dessous dans la discussion des noms et autres mots ayant une syllabe finale à voyelle longue (cf. ci-dessous 4.7.4.(2)).

[97] Selon MacKenzie (1982, 284), mp. inscr. *ʾndwm* serait formé à l'aide du suffixe **-ama-*, emprunté aux nombres ordinaux, plutôt qu'avec le suffixe du superlatif **-tama-*. Aussi, *ʾndwm* ne peut remonter directement à v.-iran. **au̯ant-* (cf. avest. *auu̯ant-*), car cela aurait donné mp. †*ōnd* ; selon lui, v.-iran. **au̯ant-* a peut-être été réanalysé comme **au̯-and-* 'that-much' en proto-moyen-perse et aurait par conséquent été compris comme mp. *ʾndwm* 'so-much-th'. Une autre explication est proposée par Sims-Williams 1997, 316-20, à partir de deux formes coexistantes v.-iran. **aH-ant-* et **aH-u̯ant-* (adjectif quantitatif, dérivé d'une racine relative/demonstrative/interrogative + suffixe dénominatif -*ant*-) ; il ajoute (p. 320) que la forme avest. *auu̯ant-* reste ambiguë, étant donné qu'elle pourrait remonter soit à v.-iran. **ău̯ant-* < **aH-u̯ant-*, soit à **au̯ānt-* < **au̯aH-ant-*.

[98] Cependant, le cas de bactr. αλο ... αλο ... (aussi αλδο ... αλ(δ)ο < αλο + -δο) avec λ < **d*, semble plutôt plaider — du moins pour cette langue — en faveur de la déri-

cas, il s'agit en effet de formes qui ne sont plus déclinables, ou qui sont déjà figées au niveau du vieil-iranien ; elles ne contenaient pratiquement plus de voyelles terminales ou de combinaisons de voyelles finales ayant pu résulter en mp. *-y.* Ainsi s'explique donc de manière plausible la préposition monosyllabique *plᵓc/prᵓc* /frāz/ (cf. 4.3.1. et n. 89), issue d'un instr. sing. n. v.-iran. **frācā* et déjà devenue une forme figée au stade *vieil-iranien* (cf. avest. réc. *fraca* et *frq̣š* [*AirWb.* 1024sq.]) [99].

4.4.2. Il reste encore à expliquer la présence du *-y* final pour les adverbes suivants : *ᵓwlwny* /ōrōn/, formé à partir de **ōr* (< v.-iran. **au̯ar-*, cf. pa. man. *(ᵓ)ᵓwr* /ōr/ 'ici' ; voir aussi Skjærvø 1983b/3.2, 50 et 2001, 288) et *rōn* (< v.-iran. **rau̯an-*, cf. avest. réc. *rauuan-* '(cours du) fleuve' [*AirWb.* 1512]) ; *ᵓpclwny* /abāz-rōn/, formé à partir de *abāz* (< v.-iran. **apācā*, cf. avest. réc. adv. *apq̣š* et adj. *apånc-* 'tourné, penché vers l'arrière' [*AirWb.* 82]) et *rōn* ; *bylwny* /bē-rōn/, formé à partir de *bē* (< v.-iran. **baid* 'dehors') et *rōn* ; *plwny* /par-rōn/, formé à partir de *par* (< v.-iran. **para*) et *rōn* ; *plwnc* /par-rōn-iz/, *idem* avec ajout de l'enclitique adverbial *-c* /-iz/ (< v.-iran. **čit*). De même, l'absence du signe final dans les formes suivantes demande tout autant une explication : *ᵓwgwn ... cygwn* /ō̆wōn ... čiyōn/, adverbes formés à partir de *ō* (< v.-iran. **au̯a-*, plus ancien : **au̯āt-*) et *gōn* (< v.-iran. **gau̯na-* 'couleur, genre, sorte') resp. < v.-iran. **čii̯a(t)-gau̯nam* (cf. vp. *čiyā̆-karam* 'de quel genre', voir ci-dessus 2.3.), ainsi que dans *hngwn* /hangōn/, formé à partir de *ham* (< v.-iran. **hama-*) et *gōn*.

Comme la composition des adverbes composés avec *rōn* était encore apparente au 3ᵉ s., la présence du signe final s'explique sans doute plus facilement si on présume que le composé s'est conformé au simple mp. inscr. *lwny* (pehl. *lwnᵓ*, mp. man. *rwn*) /rōn/ 'direction' — le *-y* final, après un nom monosyllabique, étant alors tout à fait justifié. Sans aucun doute, la contraction en un seul mot a-t-elle été relativement récente, ce que l'on peut très bien

---

vation alternative de Nyberg 1974, 12 à partir de v.-iran. **ada-u̯ā-pi* (cf. aussi Sims-Williams 2000, 178).

[99] Ainsi serait réduite à néant l'explication alternative de Back 1978, 47, selon laquelle la prononciation réelle de *plᵓc/prᵓc* aurait déjà été dissyllabique au 3ᵉ s. : /farāz/ (cf. pers. mod. *farāz*). On pourrait citer maints exemples de non-insertion d'une voyelle anaptyctique jusqu'à l'époque du persan moderne (cf. p. ex. mp. man. *ᵓšmᵓ(h)* /ašmā/ opposé à pers. mod. *šumā* 'vous' (plur.), pehl. *dl(ᵓ)htᵓ* /draxt/ opposé à pers. mod. *diraxt* 'arbre', pehl. *drw(y)stᵓ* /drust/ opposé à pers. mod. *durust* 'juste, correct' ; voir aussi ci-dessus n. 74 et ci-dessous n. 135 pour la désinence de la 3ᵉᵐᵉ pers. sing.).

observer par ailleurs dans les inscriptions les plus anciennes du 3ᵉ s. (sur l'emploi de mp. inscr. *ōrōn* et *ō ... rōn* non encore contracté, voir aussi Gignoux 1972b). Si on construit un comparatif à partir de cet adverbe comme dans *ʾwlndly* /ōrandar, *ōrōndar/ 'plus là-bas' (ŠH 11, KSM 40) [100], celui-ci se comporte à nouveau comme les comparatifs des adjectifs en *-tl/-tr* et devient par conséquent de structure n^x V̆ *y* (cf. ci-dessus 2.3.2.(3)). Pour revenir une fois encore au parallèle avec le latin, je rappelle que là aussi les composés prennent leur intonation par analogie avec les mots simples (voir Sommer/Pfister 1977, 90 et pour le moyen-perse voir aussi Klingenschmitt 2000, 213) ; il nous faudra revenir sur ce point lors de la discussion des cas 'problématiques' parmi les noms polysyllabiques (cf. ci-dessous 4.7.sqq.).

Toujours pour la même raison, les formes *ʾwgwn*, *cygwn* et *hngwn* suivent tout 'naturellement' les règles des autres adverbes listés en 4.4.1. (mis à part le fait que des mots de structure n^x V̄ Ø ne présentent de toute façon jamais de *-y* final) ; en effet, ils ne sont plus considérés comme des composés. Preuve en est, indirectement, dans le cas de mp. inscr. *ʾwgwn*, la comparaison avec la forme mp. man. *ʾʾwn* ainsi qu'avec la forme — sans doute plus récente — pehl. *ʾytwnⁱ* (mp. man. *ʾydʾwn*) /ēdōn/ ; tous trois ont le même sens 'ainsi'. Car la forme en moyen-perse manichéen montre très clairement que la prononciation réelle du 3ᵉ s. /ō'ōn, ōwōn/ avait déjà masqué l'origine étymologique du mot, si bien que d'une part la forme plus récente/moderne pehl. *ʾytwnⁱ* / mp. man. *ʾydʾwn* s'écrivait sans *-g-*, et que d'autre part elle présentait un trait final 'régulier' après *-n* (cf. ci-dessus 1.2.), alors que les formes plus archaïques pehl. *cygwn* et *ʾwgwn* n'en ont même pas en pehlevi des livres (sur ces formes voir aussi Klingenschmitt 2000, 195).

4.5. De tout ce qui précède, il apparaît clairement que le *-y* final remonte véritablement à une ancienne désinence casuelle, car il ne se présente pas après les indéclinables, sauf en cas majeur, l'analogie nécessitant la rupture avec le schéma habituel. Se pose à présent la question de savoir quelles ont été les désinences à l'origine du *-y* final.

---

[100] Nyberg 1974, 145 préfère séparer la forme *ʾwlndly* */ōrōndar/ (< v.-iran. **aṷarantarah*) de l'adverbe *ʾwlwny/ʾwrwny* /ōrōn/ (< v.-iran. **aṷa-raṷan-*). En fait, la forme parallèle pa. inscr. *PNEstr* /ōrōn(i)star/ aussi bien que mp. man. *ʾwrwntr* (M 7981, 24), mot écrit en graphie pleine, rendent inéluctable le rapport avec l'adverbe mp. inscr. *ʾwlwny* /ōrōn/ (cf. Back 1978, 196f. nº. 68b).

4.5.1. Christian Bartholomae 1923, 26sq. a attiré l'attention sur le fait que les formes avec -*y* dans les inscriptions moyen-perses sont attestées dans des passages qui ne peuvent en aucun cas remonter à un génitif vieux-perse ; ainsi par exemple dans *PWN ZNE drky* /pad ēn darrag/ 'dans cette crevasse' [101] (ŠH 6, 7). De fait, la préposition *pad* < vp. *patiy* + accus. aurait demandé un autre cas en vieux-perse. Pour Bartholomae, il est par conséquent plutôt improbable que le gén. sing. masc. -*ahạyā* des thèmes en -*ă*- ait pu être *seul* à l'origine du -*y* final, comme l'avait proposé Andreas (cf. cidessus 1.5.) et d'autres depuis (cf. ci-dessus 3.5.). Selon lui, on devrait envisager d'autres possibilités dans d'autres paradigmes, voire ne pas se limiter au seul génitif, car certaines langues iraniennes modernes montrent que même au pluriel, le génitif n'a pas toujours été le cas dominant (pour plus de détails voir ci-dessous 4.5.3.sq.).

Si l'on constate d'une part que les syllabes finales vieux-perses atones ont été réduites avant de chuter complètement (cf. ci-dessus 3.4.), et que d'autre part, l'on considère toutes les désinences casuelles possibles, qui d'un point de vue phonologique auraient pu mener en définitive à -*y* /-ĕ̆/, seuls les cas suivants entrent en ligne de compte, outre le gén. sing. masc. vp. -*ahạyā* des thèmes en -*ă*- : le loc. sing. masc. -*ay-ā* des thèmes en -*ă*- (le -*ā* terminal était en fait une postposition), le gén.-abl.-loc.-instr. sing. fém. -*āyā^h* des thèmes en -*ā*-, et finalement l'abl.-loc. sing. masc./fém. -*iyā^h* des thèmes en -*ĭ̆*-.

4.5.2. Une des caractéristiques du persan, déjà perceptible dans ses grandes lignes au stade vieil-iranien et observable au niveau du persan moderne, est l'emploi d'une construction verbale agentive en moyen-perse (angl. 'agential'), dite 'construction *manā kạrtam*'. Les détails des origines de cette formation ne nous concernent pas ici (sur ce point voir Sundermann 1989, 152sq. avec bibliographie), mais dans le présent contexte, il importe de noter que l'agent (qui correspondrait au sujet grammatical exprimé au nominatif dans une construction active) est marqué par un morphe spécial dans une construction au fond passive.

---

[101] Pour le sens du mot mp. inscr. *drky* /darrag/ 'faille, fissure, crevasse' < v.-iran. **darnaka*- (cf. avest. *^1dar*- 'scinder, fendre' [*AirWb.* 689] ; cf. aussi khot. *dara*- 'ravin', pers. mod. *dar(r)a* 'gorge, ravin, vallée', arm. *dar* 'abîme, précipice, gouffre'), voir MacKenzie 1978, 502 [= 1999/1, 502] et surtout 1982, 287 [= 1999/1, 166], corrigeant Back 1978, 208sq. n°. 112.

Entre-temps, tout le monde paraît d'accord sur le fait que la construction dite *manā-kạrtam* présente en effet tous les signes distinctifs d'une construction *passive* (voir aussi Cardona 1970 et Skjærvø 1985, en particulier 218). En revanche, des réserves sont émises dès qu'il s'agit de porter un jugement sur le cas par lequel l'agent est exprimé ; Heinrich Hettrich 1990, 96 a tout à fait raison de souligner qu'il n'y a pas lieu de considérer *a priori* le génitif comme secondaire par rapport à un autre cas d'agent (l'instrumental par exemple comme l'a proposé Cardona 1970, 8).

4.5.3. Au pluriel moyen-perse, il est facile de comprendre comment l'évolution progressive de la construction agentive a favorisé de manière décisive la supériorité du cas de l'agent sur les autres cas. Après une phase intermédiaire avec un système à deux cas, dont les traces formelles sont encore présentes en moyen-perse dans le paradigme des thèmes en *-r-* (cf. ci-dessus 3.6.3.(b)), cette supériorité a finalement conduit vers un système à un seul cas (comparer l'évolution en vieux-français, décrite en 3.6.4.(a)) : comme le cas direct (marquant le sujet dans des phrases actives) et le cas oblique (marquant l'agent dans des phrases agentives) remplissent la même fonction grammaticale, un des deux cas est finalement devenu superflu. Une fois la désinence du cas oblique pluriel des thèmes en *-ă-* devenu *-Ø*, le souci de clarté a fait que le cas oblique marqué au pluriel a petit à petit évincé le cas direct désormais non marqué. En moyen-perse, c'est le génitif en *-ān* qui, au pluriel, a par hasard pris la fonction agentive du cas oblique ; sa désinence est finalement devenue celle du cas universel. Quelques langues iraniennes modernes comme le Sariqōlī ou le Wakhī montrent toutefois que l'instrumental (ou un autre cas encore) aurait fort bien pu assumer cette fonction [102].

Pour les noms au singulier, les choses ne se présentent pas de la même façon [103] ; dans un système à cas universel, face à une désinence marquée au pluriel (*-ān*), on attend une désinence non marquée au singulier, si bien que la terminaison *-y* (la seule survivance des désinences vieux-perses après

---

[102] Même si elles restent d'une importance relative pour le moyen-perse, les langues citées montrent que les signes distinctifs de l'obl. plur. *-ef* (sariqōlī) ou *-əv* (wakhī) dérivent manifestement de la terminaison de l'instr. plur. masc. v.-iran. *-ạibiš* des thèmes en *-ă-*. Déjà dans la langue-base indo-européenne, le génitif(-datif) comme l'ablatif, l'instrumental et le locatif ont dû jouer un rôle comme porteurs formels de l'agent (cf. Hettrich 1990, 97 [génitif], 77 [datif], 92 [ablatif], 83 et — pour compléter — 102sq. [instrumental] resp. 100 [locatif]).

[103] Je tiens à remercier Nicholas Sims-Williams pour ses clarifications sur ce point (e-mail du 29.4.2002).

l'effet dévastateur de l'accentuation) devient en réalité superflue [104]. Si elle a été sauvegardée, c'est qu'il y a eu une pression particulière empêchant sa chute. Il semblerait qu'il y ait deux scénarios possibles : soit l'accentuation a pu continuer à opérer sur les désinences, ayant pour résultat dans un deuxième temps la chute du *-y* final. Or, ce n'est pas ce qui s'est passé et il nous faut donc privilégier la solution alternative, à savoir que le cas direct singulier non marqué a d'abord repris les fonctions de l'oblique en *-y*, et ensuite sa forme (c.-à-d., le processus inverse par rapport au pluriel). Au cours de cette étude, j'ai souvent fait référence au sogdien tardif, parce que là aussi une loi rythmique régit les voyelles finales proto-sogdiennes [105]. Le nominatif s'y est imposé au singulier comme cas universel : suite à l'effet de la loi rythmique, on trouve également un important syncrétisme de cas (voir à ce sujet Sims-Williams 1990, 282-86 avec une présentation schématique et une explication détaillée), notamment pour les thèmes légers et les thèmes en *-aka-* (pour la définition de ces termes voir Sims-Williams 1984, 205-14) qui dans un premier temps ont réussi à garder leurs voyelles terminales.

4.5.4. Revenons maintenant à la critique de la thèse d'Andreas par Bartholomae (cf. ci-dessus 4.5.1.). Elle ne résiste pas à un examen approfondi : vu que la graphie du *-y* final était déjà devenue une convention purement graphique à l'époque des premières inscriptions sassanides, on touche là un point faible de l'argumentation, car le contexte syntaxique dans lequel les mots présentent un signe final ou pas ne revêtait plus aucune importance. Il n'en reste pas moins qu'il est théoriquement possible de faire remonter le *-y* final moyen-perse à d'autres désinences que le gén. sing. masc. *-aha̯ā* des thèmes en *-a-* ; d'un point de vue phonologique, les terminaisons énumérées en 4.5.1. entrent tout autant en ligne de compte. Tout cela reste très difficile à prouver, mais il semblerait néanmoins qu'il y ait quelques rares indices suggérant que certains paradigmes vieux-perses auraient pu être préservés en proto-moyen-perse, le temps de faire coïncider leurs désinences en *-y* /-ĕ/, et

---

[104] À cet égard, le développement des pronoms (autonomes) moyen-perses au singulier n'est pas comparable à celui des noms : il est vrai que du vieux-perse (nom. *adam*, acc. *mām*, gén.[-dat.] *manā*), en passant par le moyen-perse (cas direct /an/ [cf. mp. man. *ʾn* et l'explication de Sims-Wiliams 1981, 166] et cas oblique /man/), la forme du cas oblique *man* est devenue la seule forme de la 1ère pers. sing. du pronom personnel en persan moderne. Mais en termes de marquage, il n'y avait pas de choix à faire entre les cas direct et oblique en moyen-perse.

[105] Si les voyelles finales portaient le ton, elles se maintenaient, sinon elles tombaient ; sur ce point voir Sims-Williams 1984, 203sq.

avant que le paradigme des thèmes en -*a*- se soit plus ou moins généralisé en moyen-perse (cf. ci-dessus 4.1. et n. 91). S'il est probable d'une part que les thèmes féminins en -*ā*- avec un cas oblique en -*y* < *-*āyā^h* ont pu se perpétuer (cf. ci-dessus 4.7.5.), d'autre part les cas de l'adverbe/la préposition *pyšydy* /pēšē/ 'devant' avec -*y* final < *-*iyā* et des formes verbales du passif en -*y* < *-*iya* semblent créer un problème de chronologie relative, puisque ces combinaisons de voyelles terminales vieux-perses n'ont pas disparu en moyen-perse, mais ont au contraire été préservées [106] (cf. ci-dessus 4.7.4. (2)). Mais si on est obligé de concéder que les pièces à conviction en faveur des désinences nominales coïncidant en -*y* restent minces, il n'y a rien en revanche qui puisse contredire l'hypothèse.

4.5.5. Si le -*y* remonte réellement à cette/ces désinence(s) du *singulier*, on comprend pourquoi, d'une part, il ne se présente qu'après le *dernier* élément des noms (propres) composés à plusieurs termes (cf. 2.4.(1)) — étant donné qu'il ne peut y avoir évidemment qu'une seule désinence à la fin du mot —, et pourquoi, d'autre part, il disparaît devant les suffixes (pro)-patronymiques -*(ʾ)n* /-ān/ et -*k(ʾ)n* /-(a)gān/ — ceux-ci suivant le radical sans désinence du nom propre (cf. 2.4.(2)). En outre, cette hypothèse d'un -*y* final remontant à une/des désinence(s) du singulier offre une explication plausible à l'absence de -*y* final dans les formes plurielles des thèmes en -*ă*- et -*ĭ*- (cf. 2.4.(3)) ; en revanche, la désinence du pluriel des thèmes en -*ŭ*- s'écrit invariablement (?) -*wny* (les preuves restent cependant minces : il n'y a que deux attestations avec *mgwny* /moγūn/ '(des) mages' et *dwšmnwny* /dušmanūn/ '(des) ennemis' ; pour les détails des références voir ci-dessus 2.4.(3)). Apparemment, une analogie plus forte que celle des formes plurielles d'autres paradigmes est à l'origine de la violation de la règle, mais le phénomène reste pour l'instant entièrement mystérieux. Il n'y a aucune raison qui puisse expliquer pourquoi des formes telles que les adverbes composés avec mp. inscr. -*l*/*rwny* (cf. ci-dessus 4.4.2.) ou le monosyllabe mp. inscr. *bwny* (cf. ci-dessus 2.2.) ou encore le composé polysyllabique *ststwny* (cf. ci-dessous 4.7.2.) ont exercé une plus grande pression que les adverbes composés avec mp. inscr. -*gwn* (cf. 4.4.2.) ou les araméogrammes verbaux en -*WN*.

---

[106]   Prudence est tout de même requise, car dans les deux cas, la disparition du -*y* /ē, ī/ < vp. *-*iyă* n'a pu être évitée qu'en le 'renforçant' secondairement en -*ydy* avec la même valeur phonologique /ē, ī/ (par analogie à -*ʾdy* ; sur ce point voir les détails en 4.7.4.(2)).

4.6. Au cours de cette étude, il apparaît de plus en plus probable que le *-y* final remonte effectivement à une désinence nominale. Mais même si cela s'avère exact, il reste toujours à expliquer pourquoi il n'apparaît pas après *tous* les noms (substantifs et adjectifs) moyen-perses. Il importe à présent de nous attarder au sujet du rapport déjà pressenti avec l'accentuation.

4.6.1. De la comparaison avec le groupe des langues italiques (cf. ci-dessus 3.6.3.sq.), il ressort d'une part que la simplification du système casuel dans ce groupe de langues est due à la perte de désinences atones lors du passage du latin littéraire classique au latin vulgaire. Dans le groupe des langues iraniennes d'autre part, des processus similaires ont pu être constatés pour le vieux-perse et le sogdien (cf. *ibid.*), qui portent à croire que le persan a peut-être connu une évolution de l'accentuation identique à celle du groupe italique.

En latin classique, l'hégémonie de la pénultième détermine l'accentuation selon les règles de la loi trisyllabique : une pénultième lourde porte l'accent ($n^x \acute{-} x$), tandis qu'à l'inverse, dans le cas d'une pénultième légère, l'accent remonte plus près vers le début du mot sur l'antépénultième ($\acute{n}^x \smile x$). En proto-moyen-perse, la répartition du *-y* final [107] était apparemment réglée selon des critères semblables, à cette divergence près que ce n'était pas le poids de la pénultième originale qui déterminait la présence ou l'absence du *-y* final, mais uniquement la *longueur* de la voyelle contenue dans cette syllabe : en cas de pénultième — accentuée — à voyelle longue, survenait une apocope du *-y* ($n^x \bar{V} \emptyset$), alors qu'on continuait à écrire le *-y* dans le cas d'une pénultième — non accentuée — à voyelle brève ($\acute{n}^x \breve{V} y$).

4.6.2. Cette régulation de l'accent par la longueur vocalique de la pénultième paraît en effet offrir une explication satisfaisante pour la plupart des noms, notamment pour ceux que j'ai auparavant (cf. ci-dessus 4.2.) catalogués comme représentant le cas 'normal'. À cet égard, le parallélisme pressenti par Back 1978, 32sq. avec la loi rythmique sogdienne était entièrement justifié [108]. Mais tandis qu'en sogdien on distingue des *radicaux* lourds et

---

[107]   Je rappelle qu'à l'origine le *-y* final correspond à une syllabe autonome à valeur phonologique /-ĕ/, mais déjà réduit à néant (-Ø) dans les plus anciennes inscriptions sassanides (cf. le parallèle avec les textes manichéens).

[108]   Cf. Sims-Williams 1984, 204 pour la loi rythmique sogdienne : "It is in fact impossible to frame a comprehensive definition of the Rhythmic Law without reference to stress".

légers, dont on détermine le poids sur la base de la quantité prosodique de la totalité des syllabes d'un mot [109], en moyen-perse seule la longueur vocalique de la syllabe précédant immédiatement le -*y* final importe. Alors qu'en sogdien un composé devient automatiquement 'lourd' dès qu'il possède un terme 'lourd' (c.-à-d. dès qu'il contient une syllabe 'lourde') [110], un nom moyen-perse perd le -*y* final qu'il présentait dans le mot simple, à partir du moment où il s'insère dans un composé ou un dérivé (cf. ci-dessus 4.5.5.). Pour déterminer une syllabe en moyen-perse, il faut en outre tenir compte de la structure morphologique d'un mot, étant donné que la limite syllabique coïncide de toute évidence avec la limite morphémique (sur ce point voir ci-dessous 4.7.2.).

4.7. De cette règle d'accentuation et de répartition du -*y* final qui vient d'être décrite, il n'y a que très peu d'exceptions, que nous examinerons maintenant l'une après l'autre : elles concernent la plupart des composés avec *-*pt(y)* /-bed/ < v.-iran. *-*pati*- ainsi que les composés formés au moyen d'un nom verbal à voyelle longue, et les noms se terminant par les voyelles longues /-ā/, /-ē/, /-ī/ et les abstraits en -*yh* /-īh/ < v.-iran. *-*i̯a-θu̯a*- (pour une énumération détaillée de tous ces cas voir ci-dessus 2.3.2.). En fin de compte, dans les inscriptions les plus anciennes, il existe encore trois déviations isolées, repérables dans les anthroponymes *pwhrk* /Puhrag/ (ŠKZ 28) et *lstk* /Rastag/ (ŠKZ 34), ainsi que dans l'anthroponyme 'irrégulier' *cšmk* /Čašmag/ (ŠKZ 32), à côté duquel se trouve également la contrepartie féminine 'régulière' *cšmky* /Čašmag/ (ŠKZ 26) avec -*y* final. Mais avant d'examiner tous ces mots et groupes de mots, j'aimerais revenir un instant sur les noms autonomes monosyllabiques.

4.7.1. Si — comme nous l'avons supposé — l'accentuation a eu un effet sur la présence ou l'absence du -*y* final, la situation particulière des monosyllabes demande une explication supplémentaire, car le signe final est toujours écrit après les noms autonomes monosyllabiques, que la seule syllabe tonique soit lourde ou légère ou que sa voyelle soit longue ou brève (les

---

[109] Sims-Williams 1984, 213 définit comme suit la différence entre les deux radicaux : "In principle, therefore, it should be possible to define a heavy stem as one which contains at least one heavy syllable. For the period immediately before and after the operation of the Rhythmic Law this definition would be sufficient".

[110] Pour le sogdien, Sims-Williams 1984, 213 a défini une syllabe 'lourde' comme suit : "A heavy syllable may therefore be defined very simply as a syllable which contains a long vowel or diphthong".

diphtongues ayant bien sûr déjà été monophtonguées). En tout cas, l'accent a vraisemblablement joué un rôle, puisque les enclitiques atones ne présentent pas de *-y* final (cf. 4.3.1.sq.), contrairement aux noms autonomes. Il me semble probable qu'un ton secondaire sur le *-ỳ*, à une époque où celui-ci avait encore la valeur phonologique /-ĕ̆/, l'a préservé d'une chute totale, indépendamment du poids de la syllabe précédente ou de sa longueur vocalique (p. ex. *bwny* /bŭn-ĕ̆/ [KKZ 3] à côté de *ctly* /číhr-ĕ̆/ [ŠTBn-I 5] et *dyny* /dĕ̄n-ĕ̆/ [KSM 21]). Une telle hypothèse expliquerait aussi peut-être le maintien occasionnel de *-w* dans les anciens thèmes en *-u-* (cf. ci-dessus 4.3.3. ; p. ex. *mgw* /móɣ-ù/ [ŠPs-I 7] > /mów/).

4.7.2. Dans le chapitre précédent (cf. 3.6.1.), j'ai mentionné la syncope de syllabes posttoniques comme moyen aidant à déterminer la position de l'accent. Dans les composés et les dérivés, elle est un indice du maintien de l'accent sur la même syllabe que le mot simple resp. mot-base, dans la mesure où ces formations sont encore transparentes dans leurs composants individuels ; sinon, les composés aux composants dissimulés obéissent à la règle habituelle. Un processus similaire s'observe par ailleurs en latin (cf. Sommer/Pfister 1977, 90), même si l'analogie du composé au simple n'a pas toujours fonctionné [111].

En ce qui concerne le pehlevi des livres, j'ai emprunté les trois exemples suivants à Klingenschmitt 2000, 213 : ainsi, pehl. *'stl* /astar/ 'mulet' montre que ce mot a pris son accent de v.-iran. **ásatara-* d'après *ása-* 'cheval', au lieu de le déplacer à **asátara-*, comme on l'attend selon la loi trisyllabique ; de même, nous trouvons pehl. *sp'hpt'* /spāhbed/ < **spá̄da-pati-* d'après le mot simple v.-iran. *spá̄da-*. En revanche, l'anthroponyme masculin d'origine parthe pehl. *wlhš*, mp. inscr. *wrd'hšy* /walaxš/ (pa. inscr. *wlgšy*) 'Vologèse' ne s'accorde pas avec l'accentuation du mot simple **u̯ára-* 'souhait' (cf. indoar. anc. *vára-* 'souhait'), vu que le mot composé était devenu méconnaissable dans tous ses éléments, mais devient **u̯alá-gr̥ša-* 'ayant joie à souhait' d'après la loi trisyllabique. Dans les inscriptions moyen-perses, on trouve un bel exemple montrant que les composés obéissent en effet aux règles des simples dans le toponyme *ststwny* /sad-stūn/ '(ayant) cent colonnes' (ŠPs-I 5 ; II 2). La syllabe lourde à voyelle longue *-stwn-* exclut en

---

[111] C'est parfois le cas inverse qui se produit quand le mot simple se conforme d'après le composé, en particulier quand les formes composées sont plus fréquentes que les simples : cf. le participe parfait passif *gressus*, qui a pris son *e* d'après les composés tels que *aggressus* et *congressus*, et non pas d'après le simple *gradior*, etc.

principe la graphie avec -*y* final selon la règle n^x V̄ Ø, mais le -*y* se justifie pleinement après un nom monosyllabique si on part du mot simple *stwny*.

Il me semble que le même principe d'analogie de composé au simple vaut également pour les composés transparents avec *-*pati*-, qui se comportent comme si *-*pati*- ne figurait pas ou en tout cas ne constituait pas une syllabe autonome (ce qu'en revanche on ne peut pas mettre en doute en raison des nombreuses parallèles avec la graphie -*byd* /-bed/ dans les textes manichéens, cf. mp. man. *zndbyd* /zandbed/ 'chef de tribu', *bnbyd* /bannbed/ 'geôlier', *p'hr(g)byd* /pāhr(ag)bed/ 'commandant des sentinelles', etc.). Car c'est seulement si la syllabe précédente — en tenant compte de la limite morphémique [112] — est légère, comme c'est le cas de *dl*- dans *dlpty* /darbed/ 'gardien de la porte' (ŠKZ 34) ou *dz*- dans *dzpty* /dizbed/ 'chef de forteresse' (ŠKZ 32), que le composé peut présenter un -*y* final. Si par contre elle est lourde de nature (avec une voyelle longue) ou par position (avec une voyelle brève devant double consonne), le -*y* final chute, et ce, quel que soit le nombre de syllabes. Comparer à cela par exemple *sp'hpt* /spāhbed/ 'général, chef d'armée' (ŠKZ 29) avec une seule syllabe devant -*pt* et voyelle longue /-ā-/, *nhcyrpt* /naxčīrbed/ avec plus qu'une syllabe (deux) devant -*pt* et voyelle longue -*y*- /-ī-/, *'sppt* /aspbed/ 'commandant de la cavalerie' (ŠKZ 31) avec une seule syllabe devant -*pt* et voyelle brève /-a-/ devant double consonne -*sp*- /-sp-/, et *hndrcpt* /handarzbed/ 'conseiller' (ŠKZ 33) avec plus qu'une syllabe (deux) devant -*pt* et voyelle brève /-a-/ devant une double consonne -*rc*- /-rz-/.

On hésite certes à introduire une nouvelle notion (syllabe lourde par position), mais comme il s'agit ici d'un type de formation encore extrêmement productif, précisément à l'époque proto-moyen-perse, il se peut que nous ayons à faire à une règle un peu plus progressive, selon laquelle ce n'est plus cette fois-ci la longueur vocalique (opposition bref/long), mais le *poids* de la syllabe (opposition léger/lourd) qui décide du sort du -*y* final ; le membre arrière *-*pati*- devient quasiment un suffixe de dérivé avocalique et atone (sans accent propre dans *-*pt* /-ft/) dans le mot composé (sans doute avec un ton secondaire plus faible sur *-*pt* /-bèd/ à l'origine). En faveur d'une pareille évolution, on peut se référer au cas de ŠKZ 29, 31 *hz'lwpt* /hazār-

---

[112]   Il peut paraître aléatoire de faire entrer en jeu la limite morphémique, mais on ne devrait pas perdre de vue que d'autres changements phonologiques s'arrêtent devant cette limite du morphème quand elle est encore bien perceptible : cf. p. ex. pehl. *hwtwxš* /hutuxš/ 'artisan' < *hu-tuxša- (avec maintien de l'occlusive sourde -*t*-) opposé à mp. man. *š'dy(y)ḥ* /šādīh/ 'joie, bonheur' < *s̱i̯ātii̯aθu̯a- (avec transition vers une occlusive sonore -*d*-), etc.

bed/ (?) < *hazā́ra-pàti- ou déjà /hazāruft/ (?, cf. pers. mod. *hazāraft* !) < *hazārá-pàti- voire — malgré la position posttonique après une voyelle longue — *hazā́rà-p(a)ti- (cf. ŠKZ gr. 56 ἀζαροπτ, 61 ἀζαρίπτου [gén. sing.] !), avec -w- pseudo-historique [113].

4.7.3. Un autre cas particulier est représenté par les noms verbaux listés en 2.3.2.(4b). Comme la majorité de ces composés contiennent un préverbe (*ā, *pati, *para, *fra, *aṷa, *us, *ṷi, etc.), on pourrait à nouveau évoquer un parallélisme avec le latin lors de sa transition vers le français (cf. Sommer/Pfister 1977, 76sq.) : alors qu'en latin classique l'accent frappe le préverbe dans *récipit*, *démorat* et *dísplicet* selon la loi trisyllabique, le latin vulgaire a

---

[113] On pourrait également avoir à faire à une graphie inverse dans le cas de NPi 8 B5,03 (etc.) mp. inscr. *hlgwpt* /hargbed, harguft (?)/ < *harka-pati- 'chef des impôts' (cf. aram. *ʾlqptʾ*, pa. inscr. *ʾrkpty, hrkpty*), qu'on ne devrait probablement pas mettre en relation avec v.-iran. *hargu-pati- 'commandant de forteresse' (voir en dernier lieu Huyse 2002, 209sq. ; différemment encore Huyse 1999/2, 141 n. 234). Dans ŠKZ 27 mp. *dpywrpt*, le -w- est très vraisemblablement une graphie historique pour *dipī-ṷara-pati- (le commentaire dans Huyse 1999/2, 140sq. serait alors à modifier dans ce sens. La tentative d'explication au moyen d'un araméogramme *DPSR, non attesté, devrait ainsi être annulée [sur ce point voir déjà la critique de Schmitt 2001, 214 pour d'autres raisons] ; mes objections contre une dérivation de mp. inscr. 16 *dpywr* /dibīr/ à partir de *dipī-bara- restent toutefois valables comme auparavant à cause de pa. inscr. *dpyr* /dibīr/ [DE 56], bien que cette déduction ait été récemment privilégiée aussi par Klingenschmitt 2000, 199). Le parallèle dans ŠKZ mp. inscr. 34 *dpyrpt* (cf. pa. inscr. 28 *dpyrpty*) suggère en tout cas encore pour le 3e s. une prononciation effective de /dibī́rbed/ < *dipī́ra-pàti- plutôt que de /dibīruft/ < *dipī́rà-p(a)ti- ; gr. 65 ἀρχιγραμματέως n'est d'aucune aide dans cette affaire, tandis que gr. 57 διβιρουπτ se conforme d'après pa. inscr. 24 *dpyrwpt* (cf. aussi ŠKZ 23, 25 et NPi 14 c3,02 pa. inscr. *hzrwpt*). Le -w- de la forme parthe lui-même n'est pas sans poser problème lui aussi ; comme le démontrent les cas parthes cités ci-dessus n. 38, les formes parthes en -*pt(y)*, plus conservatrices que les formes moyen-perses, présentent le plus souvent un -*y* final, contrairement à ces dernières. Mais le -*y* final manque justement dans les deux composés *hzrwpt* et *dpyrwpt*, où une voyelle de jointure -*á*-, accentuée selon la loi trisyllabique, a peut-être changé de timbre devant une labiale, avant la chute de la voyelle brève dans la syllabe suivante et (?) la spirantisation de la labiale (v.-iran. *hazārá-pati- > pa. *hazārú-p(a)t > *hazārúft* resp. v.-iran. *dipīrá-pati- > pa. *dipīrú-p(a)t > *dibīrúft*). Ceci expliquerait la coexistence du mot arm. *hazarawowxt* (emprunté à l'époque parthe) à côté du mot arm. *hazarapet* (emprunté à l'époque moyen-perse et passé par cet intermédiaire en géorg. *azrapeṭ-*) d'une part, et de la forme plus ancienne bactr. ναζορoχτο à côté d'une forme plus récente hephth. οζοροβαδι d'autre part (cf. Huyse 1999/2, 134 pour les détails et les références).

reporté l'accent sur la syllabe radicale, conduisant en définitive aux résultats suivants dans les langues romanes : lat. vulg. *recípit* > fr. *reçoit*, lat. vulg. *dēmórat* > fr. *demeure*, lat. vulg. *displácet* (avec restitution supplémentaire du -*a*- d'après le mot simple *placet*) > ital. *spiace*. Le même phénomène s'est probablement produit en proto-moyen-perse, d'autant plus que les préverbes étaient encore perceptibles comme éléments individuels (en avestique, ils sont en plus graphiquement séparés du reste du mot par un point). Dans tous ces composés, l'accent frappait donc la syllabe du radical, qui ensuite fut traité comme un nom monosyllabique, si bien que tous présentent sans exception un -*y* final (p. ex. *[']pl'sy* /ā-frāh/ < /ā-frā́θ-è̀/ et non pas †/ā-frāh/ < /ā-frā̀θ-Ø/ < /ā-frā̀θ-ē̄/ ; cela vaut pour tous les exemples énumérés dans 2.3.2.(4b)) [114].

4.7.4. Pour les noms se terminant par une voyelle longue (-*ā*, -*ē*, -*ī*), l'évolution historique s'explique peut-être de la manière suivante :

(1) Pour les mots vrai-moyen-perses, dans lesquels /-ā/ a réussi à se préserver en fin de mot (cf. les noms déjà mentionnés ci-dessus en 2.3.2.(2) et les formes de la 2ème pers. sing. subj. prés. ci-dessous en 4.8.1.(5)), la terminaison a inévitablement été plus longue en vieux-perse, car tout -*ā* final vieux-perse a en principe été élidé lors du passage en proto-moyen-perse (cf. Back 1978, 42, 53 et 69sq.). D'autre part, la diphtongue primaire [115] vp. /ai̯/ s'était monophtonguée en mp. /ē/ (cf. mp. man. *dyw* /dēw/ 'démon' < vp. *daiva*-), alors que vp. /āi̯(a)/ (plutôt rare, souvent employé dans des dérivés vrddhi) venait de se développer en (proto-)mp. /ā/ (cf. mp. man. *š'h* /šāh/ >

---

[114] Il convient vraisemblablement d'expliquer de cette manière la graphie inattendue avec -*y* final après l'anthroponyme masculin *prywzy* /Pērōz/ (ŠKZ 26, 29) < v.-iran. **pari(i̯)-au̯jah*- (pour savoir s'il faut partir de -*i̯*- ou de -*ii̯*- à la jonction du composé, voir Klingenschmitt 2000, 206) 'victorieux' < 'tout autour fort, puissant'. Car, si le nom contient le terme **pari*, il semble s'agir cependant d'un nom 'neuf', formé à l'époque sassanide, qui n'existait pas encore en vieil-iranien. Dans le patronymique *plywzkn* /Pērōz(a)gān/ (ŠKZ 31), le -*y* disparaît devant le suffixe, exactement comme on l'attend selon le principe formulé ci-dessus en 2.4.(1) et 4.5.5. (il en va de même dans deux noms attestés sur les sceaux : *pylwcnrshy* /Pērōz-Narseh/, *pylwcšhpwhry* /Pērōz-Šābuhr/, cf. Gignoux/Gyselen 1982, 177).

[115] La diphtongue (proto-)mp. secondaire /ai̯/ avec la graphie -*dy* se trouve en fin de mot dans les toponymes mp. inscr. *gdy* /Gay/ < v.-iran. **gaba*- (voir la bibliographie dans Huyse 1999/2, 164) et *ldy* /Ray/ < **Ragā*-, et dans le substantif mp. inscr. *kdy* /kai̯/ 'kayānide' (titre honorifique dans les légendes monétaires) < v.-iran. **kau̯i*- (cf. avest. *kauuaii*- 'devin, souverain non-mazdéen', indoar. anc. *kaví*- ; sur ces trois mots voir déjà Henning 1958, 67).

vp. *x-š-a-y-θ-i-y* /xšāyaθiya-/ 'roi'). Pour cette raison, le choix se porta logiquement sur la graphie -*ʾy* pour rendre /-ā/, aussi dans des mots d'origine étrangère [116] ; mais il n'était alors plus possible de rendre sans équivoque /-āy/ par mp. -*ʾy*, comme c'était encore le cas dans un mot souvent utilisé comme mp. inscr. *(ktk)hwtʾy* /(kadag)xwadāy/ [117] < v.-iran. *°*xuatāuia*- (pehl. *hwtwy*, mp. man. *xwdʾy*).

Il fallait donc trouver une nouvelle façon d'exprimer /-āy/ ; on choisissait pour cela la graphie -*ʾdy*, sans doute inspirée par celle de la postposition mp. inscr. *lʾdy* /rāy/ 'pour, à cause de' < v.-iran. *rādiị*, ou un autre mot commun. La graphie avec <-*d*-> y était étymologiquement justifiée ; cependant, on n'attend pas forcément de -*y* final après un indéclinable monosyllabique remontant à un ancien instr. sing., même s'il s'agit d'un thème en -*i*- (cf. ci-dessus 4.4.1. [118] ; sur vp. *r-a-d-i-y* /rādiy/ voir Szemerényi 1967, 212-14 [= 1991, 1677-79]). Mais peu à peu, on commençait aussi à faire usage de la graphie -*ʾdy* pour /-ā/, sous l'influence de mots comme l'adjectif *ʾltʾdy* /ardā/ 'juste, pieux' [KSM 32 *ʾlt(ʾ)d[y]*] < v.-iran. **r̥tā-uan*-, formé à l'aide du suffixe *-*uan*-, dont on retrouve même une trace dans la graphie plus progressive du moyen-perse (et parthe) des textes manichéens (cf. mp./pa. man. *ʾrdʾw* /ardāw/ 'juste, honnête') ; car à côté de cette forme *ʾltʾdy* avec mp. -*d*- < *-*u*-, coexistait une autre forme mp. inscr. *ʾltʾy* /ardā/ (KSM 29) avec -*ʾy* pour /-ā/. Que la prononciation de -*ʾdy* était vraiment /-ā/ ne fait aucun doute si on compare les formes du comparatif mp. inscr. *ʾglʾtly* (KSM 46) et *ʾglʾtry* /agrādar/ (KSM 35, 39) au mot-base mp. inscr. *ʾglʾdy* /agrā/ 'noble, digne' [KKZ 13] < v.-iran. **argā-uan*- (avec métathèse en moyen-perse, cf. sogd. *ʾrγ*, indoar. anc. *argha*- 'valeur, prix'), là aussi avec mp. -*d*- < *-*u*- (cf. mp.

---

[116] Comparer par exemple mp. man. *mšyhʾy* /masīhā/ 'messie', l'anthroponyme mp. inscr. *ʾpsʾy* */Abasā, Afsā (?)/ [ŠVŠ 9, 15], le toponyme mp. inscr. *ʾwlhʾy* /Urhā/ 'Edesse' [ŠKZ 14], ou encore le nom de province *(g)lʾdkyʾy* */Grāykiyā/ = lat. *Graecia* [KSM 39]).

[117] Le mot n'est pas attesté en tant que mot simple avant l'inscription tardive SN 4 *hwtʾy* [9ᵉ s.], mais on le retrouve à plusieurs reprises dans l'inscription de Narseh à Pāikūlī [3ᵉ s.] (pour les références voir Skjærvø 1983/3.1, 104) comme deuxième terme du mot composé *ktkhwtʾy* /kadagxwadāy/ 'maître de la maison' (cf. pehl. *ktk-hwtʾy* /kadagxwadāy/, pa. man. *qdyxwdʾy* /kadagxwadāy/).

[118] Nicholas Sims-Williams me suggère (e-mail du 29.04.2002) que *rādiy* aurait pu être rallongé d'un élément additionnel, comme c'est le cas avec de nombreux adverbes et postpositions en sogdien auxquels on peut ajouter la désinence d'un oblique (p. ex., *nbnt(y)* 'avec, près de', *rʾm(ʾ)nt(y)* 'toujours').

man. *ʾgrʾw* /agrāw/, pa. man. *ʾrgʾw* /aryāw/ 'noble, excellent, agréable') [119]. Mais l'hésitation entre les graphies -*ʾy* et -*ʾdy* pour rendre /-ā/ se voit encore très bien dans le nom (adjectif et substantif) /pādixšā(y)/ 'souverain, puissant, ayant le pouvoir', apparemment prononcé tantôt /pādixšā/, tantôt /pādixšāy/, comme semble en témoigner dans les inscriptions la coexistence des formes mp. inscr. *pʾthšʾy* /pādixšā/ (KKZ 1, 6, 8, etc.) et le comparatif *pʾt-hšʾdtly* 'plus puissant' /pādixšāydar/ (KKZ 4, 8, etc. [120] ; comparer à cela aussi mp. man. *pʾdxšʾy* /pādixšāy/, pehl. *pʾthšʾ(d)* /pādixšā(y)/). Le remplacement sporadique de -*ʾdy* au lieu de -*ʾy* pour /-ā/ a finalement conduit dans une dernière étape à une généralisation de la graphie -*ʾdy* pour /-ā/.

(2) À une époque où le -*y* final était déjà réduit à un phonème zéro (-Ø) après les noms (cf. ci-dessus 2.1.) [121], on commençait à ressentir parallèlement le besoin d'exprimer à nouveau de manière claire /-ē(y)/ et /-ī(y)/ en position de fin absolue du mot, car une simple graphie -*y* ne suffisait plus à les distinguer d'une graphie pleine -*y* pour /ī/ et /ē/ (voir ci-dessus 1.10.). Par analogie avec -*ʾdy* pour /-ā(y)/, les Perses ont alors choisi la graphie complexe -*ydy* avec -*d*- (historique ou hybride). On sait qu'en moyen-perse des textes manichéens, le problème a été résolu différemment par la double graphie de -*yy(ẖ)* pour /ē, ī/ (cf. mp. man. *pyšyẖ*, *pyšyy* 'devant' [adv.] ; *rwš-ny(y)ẖ* /rōšnīh/ 'lumière', *šʾdyy* /šādī/ 'bonheur, joie' ; *bwyẖ*, *bwyy* /bawē/ 'tu es' [2ᵉᵐᵉ pers. sing. indic. prés.], *byẖ*, *byy* /bē(h)/ 'que tu sois' [2ᵉᵐᵉ pers. sing. opt. prés.]) [122]. Comme -*ʾdy* dans *lʾdy* /rādiy/, -*ydy* a ensuite été repris

---

[119] Une autre explication possible pour la confusion entre -*ʾy* et -*ʾdy* pour /-ā/ est donnée par Henning 1958, 68, qui cherche son origine dans l'influence orthographique exercée par les dérivés ; il est vrai que le choix d'orthographe pour un abstrait en -*yhy* /-īh/ (sur ce suffixe, voir ci-dessous 4.7.4.(3)), dérivé d'un adjectif se terminant en -*ʾy* /-ā/, devrait naturellement se porter sur -*ʾdyhy* /-āyīh/ dans les *inscriptions* avec -*d*- pour éviter le hiatus entre -*ʾ*- et -*y*- (*/-āʾīh/ ; p. ex., dans mp. inscr. *ʾltʾdyhy* 'piété' [KKZ 19, etc.]). Mais tout dépend, comme l'indique Henning lui-même (*ibid.*, n. 2), si le dérivé est une nouvelle formation, construite directement à partir de l'adjectif, ou si, au contraire, l'abstrait existe déjà (comme c'est le cas de mp. man. *ʾrdʾyyh* < **ʾrdʾwyh* 'justice, honnêteté', à côté de l'adjectif mp. man. *ʾrdʾw* 'juste, honnête').

[120] Henning 1958, 68 cite aussi les formes mp. inscr. †*pʾthšʾdy* et le comparatif mp. inscr. †*pʾthšʾtry*, que je n'ai toutefois pas pu retrouver dans les inscriptions et qui me semblent être plutôt des formes fantômes.

[121] Dans des graphies telles que -*yd-y* et -*yh-y*, Henning 1958, 68 avait déjà considéré à juste titre le deuxième -*y* comme un élément pseudo-historique derrière lequel ne se cachait plus une voyelle réellement prononcée au 3ᵉ s. ap. J.-C.

[122] Par ailleurs, l'utilisation des formes finales -*ʾd-y* pour /-ā/ et -*yd-y* pour /-ē/ et /-ī/ a

dans la préposition/l'adverbe *pyšydy* /pēšē/ 'devant' < vp. <p-i-š-i-y-a> /paišiyā/ < v.-iran. **paiti̯-ā*) par analogie avec les noms et est passé à partir de là aux formes verbales (cf. ci-dessous 4.8.1.(5) la forme passive *ʾkylydy* */akīrī/ < v.-iran. **a-kr̥-i̯a*).

(3) Dans la terminaison *-yh-y* /-īh/ < **-i̯a-θu̯a-* [123] des abstraits (pour les références cf. ci-dessus 2.3.2.(4a)), le *-h-* est certes historiquement justifié [124], mais deux choses restent étonnantes : d'une part, on n'attend pas de *-y* final après une syllabe à voyelle longue ; d'autre part, d'un point de vue phonologique, rien n'aurait empêché une évolution ultérieure vers *-y* /-ī/ ou — pour des raisons de clarté — vers *-yy* /-ī/, ces deux solutions ayant été adoptées dans les textes moyen-perses manichéens (comparer les exemples ci-dessus). Si on a malgré tout opté pour la graphie *-yh-y*, c'est probablement en raison d'une certaine préférence pour des graphies historiques en moyen-perse des inscriptions [125]. En fin de compte, l'analogie avec *ydy* pour /īy/ a peut-être joué en faveur d'une graphie *-yh-y* pour /-īh/. Et comme *-yd-y* était en même temps la graphie pour /-ē, -ī/ final, il était aisé d'utiliser, dans un deuxième temps, *-yh-y* pour /-ī/ final sans /-h/, notamment dans les formes

---

sûrement conduit à ce que la graphie pseudo-historique *-wd-y* (comme dans le nom du roi des rois *hwslwdy* /Husrō/, pers. mod. *Xosrō*) ait été employée parallèlement pour /-ō/ dans les légendes des sceaux sassanides tardifs. En revanche, au début de l'époque sassanide, la prononciation /Husraw/ correspondait sans doute à l'élocution réelle de mp. *hwslwy* (avec graphie historique) < v.-iran. **hu-srau̯ah-* 'de bonne réputation, renommé' et de mp. inscr. *hwslwb* (avec graphie pseudo-historique <-wb-> pour /-w-/ ; cf. les parallèles ci-dessus dans la n. 51 et pa. inscr. *hwsrw* [ŠKZ 17-19, *passim*] dans les composés).

[123] La bibliographie concernant l'origine de ce suffixe a été commodément rassemblée par Back 1978, 179.

[124] Le *-h-* reflète en plus toujours une réalité dans la prononciation, car la coexistence des graphies mp. man. *-y(y)h* /-īh/ et *-yy* /-ī/ se maintient dans les textes moyen-perses manichéens bien au-delà du 3e s.

[125] Dans les inscriptions parthes, la même terminaison v.-iran. **-i̯a-θu̯a-* a conduit à *-(y)py* /-īf/ (cf. ŠKZ 17 *krpkpy* /kirbagīf/ 'bienfaisance' ; NPi 40 g15,05 *šyrkmkpy* /šīrkamagīf/ 'amitié' — vgl. pa. man. *šyrgʾmg* /šīrgāmag/ 'ami' — ; NPi 26 e10,02 *drwznpy*, 2 a7,02 *drwznypy* /drōzanīf/ 'tromperie, mensonge', ŠKZ 17, 22-24, etc. ; *hwtwypy* /xwadāyīf/ 'souveraineté, pouvoir'). Dans les textes manichéens, le suffixe a été augmenté d'un *-t* à *-ypt* ou *-yft* /-īft/ (cf. pa. man. *ʾnrgypt* /anarγīft/ 'absence de valeur, dignité', *rʾštyft* /rāštīft/ 'justice, vérité', etc.) ; même si Henning 1958, 97 n. 2 paraît douter de la possibilité d'une métathèse *-ft* < *-tf* (< *-θu̯-*) en fin de mot, cela semble toujours l'explication la plus probable. La divergence entre pa. inscr. *-(y)py* et pa. man. *-yft/-ypt* pourrait alors être dialectale.

verbales du passif (cf. ci-dessous 4.8.1.(5)), par analogie en outre avec *-ʾ(d)y*
pour /-ā/ et *-wb-y/-wd-y* pour /-ō/ (cf. n. 122).

4.7.5. Par ailleurs, le *-y* final semble avoir été utilisé pour exprimer
l'opposition entre des anthroponymes homonymes masculins et féminins :
masc. *cšmk* /Čašmag/ (ŠKZ 34) par opposition à fém. *cšmky* /Čašmag/ (ŠKZ
26) ; dans le deuxième cas, l'ajout de *MLOTA* /bānūg/ 'maîtresse' détermine
le nom sans ambiguïté comme étant féminin (cf. ci-dessus n. 50). À cause de
la syllabe 'légère' *-k* /-ag/, on aurait en fait attendu un *-y* pour le masculin,
selon le modèle de *ń^x ◡ y*. En parthe, on attachait systématiquement aux anthroponymes et théonymes féminins un *-E* muet emprunté à l'araméen (cf.
NPi 8 b6-7,02 pour la déesse *ʾnhtyE* /Anāhīd/ ; et pour les noms propres
féminins ŠKZ 21 *ʾnwškyE* /Anōšag/ ; ŠKZ 20, 23, 25 *dynkyE* /Dēnag/ ; Nisa
1169/1, 2167/2 *prdbwhtE* /Farrbōxt/, etc.), même si, grâce au terme arrière
-dwht(k)y /-duxt(ag)/, il ne faisait aucun doute qu'il s'agissait d'un nom
féminin (cf. ŠKZ 22 *ʾwhrmzddwhtkyE* /Ohrmezdduxtag/, ŠKZ 21 *rwd-
dwhtyE* /Rōdduxt/, ŠKZ 23 *rwtkyE* /Rōdak/, etc.). Le moyen-perse n'avait
pas cet auxiliaire ; mais tant qu'un nom propre n'était pas utilisé à la fois
comme nom masculin et féminin — comme dans le cas présent, en toute
apparence plutôt rare en iranien —, cela ne posait pas de problème. Alors
que le scribe parthe pouvait donc rendre sans aucune difficulté la différence
de genre (ŠKZ 26 nom masc. *ššmk* /Čašmag/ versus ŠKZ 21 nom féminin
ššmkyE /Čašmag/), son collègue perse n'avait visiblement pas d'autre choix
que de l'exprimer à travers le *-y* final. Peut-être même est-il possible (voir les
réflexions ci-dessus en 4.5.4. sur ce point) d'y voir le réflexe d'un développement masc. *cšmk* /Čašmag/ + /-ĕ̆/ < */-ahaii̯ā/ par opposition à fém. *cšmky*
/Čašmag/ + /-ĕ̆/ < */-āii̯āh/, mais l'insuffisance du matériau incite à rester prudent, car les inscriptions ne contiennent pas d'autre cas parallèle [126].

---

[126] Il me semble que la divergence entre une forme masculine (sans *-y* final) et une forme
féminine (avec *-y* final) est plutôt comparable à un phénomène en ancien français.
Une fois que le nombre de trois désinences correspondant à la différence entre les
genres héritée du latin (cf. les 'Serments de Strasbourg' de 842 ap. J.-C. : *nullā* =
fr. mod. *nulle*, *fradrĕ* = fr. mod. *frère*, *nostrŏ* = fr. mod. *nôtre*) fut réduite à deux, à
savoir *-a* et *-e*, comme c'était le cas dans la 'Séquence de sainte Eulalie' (vers 900
ap. J.-C.), on a profité au niveau morphologique de l'opposition '(anté-)pénultième
accentuée + syllabe finale non-accentuée' versus 'syllabe finale accentuée' pour distinguer masc. *mort* (= /mórt-Ø/ de fém. *morte* (= /mort-ə́/ ; comme en français moderne).

Il reste à expliquer les deux derniers cas isolés, dans lesquels l'absence du *-y* se justifie probablement d'une autre façon encore : la forme *pwhrk* /Puhrag/ (ŠKZ 28) laisse supposer qu'il s'agit ici d'un nom parthe [127], emprunté en tant que tel à la version parallèle parthe (pa. *pwhrk* /Puhrag/ dans ŠKZ 22) ; à l'opposé, on peut par exemple comparer l'anthroponyme vraiperse *pwskybwty* /Pusag-būd/ sur un sceau (Gignoux 1986, 150 n°. 783). En revanche, l'omission du *-y* final dans l'anthroponyme mp. *lstk* /Rǎstag/ (ŠKZ 27) reste inexplicable, à moins qu'il ne s'agisse tout simplement d'une erreur de scribe ; mais après un nouvel examen de la photo dans l'inscription ŠKZ, la leçon mp. *lstk ZY why'rthštr štrp* /Rǎstag ī Weh-Arda(x)šīr šahrab/ me paraît tout à fait certaine. Dans ce cas, il ne peut guère s'agir d'un nom parthe, pour lequel on attendrait plutôt une forme pa. **rštk* /Rǎštag/ au lieu de la forme réellement attestée *rstk* /Rǎstag/ ; car l'opposition mp. *-st-* versus pa. *-št-* se retrouve de façon cohérente dans toute l'inscription ŠKZ (cf. p. ex. l'anthroponyme masculin mp. *mtrhwst* /Mihrxwāst/ [ŠKZ 30, 34] versus pa. *mtryhwšt* /Mihrxwāšt/ [ŠKZ 24, 28] ; concernant *st* versus *št* voir aussi Schmitt 1997).

4.8. Jusqu'ici, les formes verbales, dont certaines se terminent en *-y*, ont entièrement été éludées dans la discussion. Si le *-y* final est vraiment issu d'une désinence *casuelle*, il est évident qu'il n'a aucune raison d'apparaître après des formes verbales — à l'exception de quelques-unes comme l'infinitif et les participes parfaits passifs. Malheureusement, un examen détaillé des formes verbales est difficile, à cause du nombre très minoritaire des formes verbales écrites non-hétérographiquement, en particulier dans les inscriptions les plus anciennes. Les araméogrammes sont en effet à exclure d'une telle analyse, car tout en admettant qu'il existe évidemment des araméogrammes à complément phonémique à côté des autres sans terminaison de flexion, appelés dans l'ancienne terminologie '*bare masks*', il n'empêche qu'une très large uniformisation s'est produite (sur ce point voir en particulier les résultats obtenus par Skjærvø 1989b). L'exemple des infinitifs ou des formes de la 3ème pers. sing. indic. prés. le prouve facilement : tandis que des infinitifs écrits phonémiquement comme *kltny* (KKZ 13), *krtny* (ŠPs-I 9) — et plus tard, avec signe final, *krtn'* (CE 3, ED 11 etc.) — /kardan/ 'faire', *npštny* /nibištan/ 'écrire' (ŠPs-II 4), ou *wz'dtny* /wizāyīdan/ 'nuire' (NPi 10

---

[127] Les anthroponymes parthes masculins ne présentent pas de *-y* final, alors que les anthroponymes féminins se terminent par *-yE*, comme nous l'avons vu il y a un instant.

B11,05) [128], etc. peuvent tout à fait présenter un *-y*, le complément phonémique de l'infinitif 'hétérographique' *YDBHWNtn* (ŠKZ 27) /yaštan/ 'sacrifier'
est tout simplement *-tn* /-dan/. De même, alors que les formes de l'indicatif
écrites phonémiquement, citées immédiatement après en 4.8.1.(3), présentent
aussi un *-y*, d'autres — hétérographiques à complément phonémique — telles que *[OH]DWNt* /girēd/ 'il/elle saisit' (KSM 38), *HLKWNt* /baxšēd/
'il/elle partage, répartit' (KSM 50), *HZYTNt* /wēnēd/ 'il/elle voit' (KNRb 13,
26 etc.) s'écrivent avec un simple *-t* sans *-y*.

4.8.1. Pour les formes verbales écrites phonémiquement, on peut faire les
observations suivantes, pour lesquelles j'essaierai en même temps de trouver
une explication. Dans cet ordre, je parlerai des désinences verbales de l'infinitif actif, des participes parfaits passifs, de la 3ème pers. sing./plur. de l'indicatif et du subjonctif actif, de la 1ère pers. sing./plur. de l'indicatif actif, de la
3ème pers. sing. de l'indicatif passif, et de la 2ème pers. sing. du subjonctif
actif.
(1) Dans les infinitifs actifs en *-tny* /-dan/ (cf. ci-dessus 4.8. ou encore *bstny*
/bastan/ 'construire' [MNFd 3], *plmʾtny* /framādan/ 'ordonner, gouverner'
[NPi 34 F12,05]) le *-y* ne peut s'expliquer tout simplement comme le reste
de la diphtongue vieux-perse *-aiy* dans la désinence de l'infinitif vp. <-t-n-i-
y> /-tanaiy/, car celle-ci aurait dû chuter en position finale lors du passage au
proto-moyen-perse. Mais comme l'infinitif est en fait un *nomen actionis*
formé à partir de la racine à plein degré (cf. vp. <n-i-p-i-š-t-n-i-y>
/nipaiyštanaiy/ 'mettre par écrit'), et que la désinence de l'infinitif correspond
à celle du datif singulier, on peut supposer que la désinence /-tanaiy/ a été
réinterprétée comme si elle équivalait à **-*tanahạyā*. Cette 'nouvelle' désinence de l'infinitif pouvait ensuite subir le même sort que les désinences
nominales et l'on pouvait par conséquent écrire un *-y* final après la syllabe
atone à voyelle brève /-tăn-/, selon les mêmes règles d'orthographe (ń^x V̆ *y*).
(2) Dans la présentation descriptive des nombreuses formes du participe
parfait passif, nous avons déjà pu constater en 2.4.(4) qu'ils comportent pour
la plupart un *-y* final. Mais plusieurs participes ont en même temps une
forme sans *-y* (ainsi, par exemple, *ʾpzwty* /abzūd/ 'augmenté, accru' [KKZ 15
etc. (3ᵉ s.)] et *ʾpzwt* [TX-I 5 (7ᵉ s.)] ; voir déjà les noms ci-dessus en 2.2.2.).
Cette coexistence de deux formes ne peut s'expliquer uniquement par une

---

[128] Comparer les infinitifs pehl. *wyzʾstn^l* /wizāstan/ et pehl. *wyzʾdytn^l* /wizāyīdan/
       (Skjærvø 1983b/3.1, 132), formés à l'aide du suffixe /-īd-/ (pour ces néoformations
       voir Sundermann 1989, 150 et n. 96 avec bibliographie).

différence chronologique entre les inscriptions anciennes et récentes ; on la découvre déjà, en effet, dans les inscriptions les plus anciennes (comparer *nyklyt* [DE 48, 2 (3ᵉ s.)], *nykylyt* [DE 44, 5] et *[ny]kldyt* [DE 49, 3 ; 51, 3] /nigerīd/ 'regardé' à côté de *ny[k]ldyty* [DE 51, 4]). En outre, il est important de constater que cette concomitance de formes avec et sans -*y* final ne s'observe pas seulement parmi les participes en vp. -*ta*-, mais aussi dans les néoformations en mp. /-īd/. Ces nouvelles désinences sont sans doute apparues pour la première fois dans les nouveaux radicaux du *présent* (cf. les formes prés. hist. mp. inscr. *ptpwrsyt* /paypursīd/ 'il lisait' [ŠPs-II 4] [129] et mp. inscr. *whycyt* /wihēzīd/ 'il quittait' [NPi 8 B12,03]), d'où elles se sont étendues aux radicaux du *prétérit* (cf. encore mp. inscr. *pwrsyt* /pursīd/ 'demandé' [KSM 31] et *ptwhyt* /paywahīd/ 'prié' [KNRb 3, 7 etc.]), jusqu'à ce que les anciens et nouveaux radicaux du prétérit entrent en concurrence (cf. par exemple pehl. *ʾhhtʲ* /āhixt/ et pehl. *ʾhncytʲ* /āhanǰīd/ 'monté') [130].
À l'instar de l'infinitif, qui remonte à un ancien *nomen actionis*, les participes parfaits passifs sont en fait des noms (verbaux), de sorte qu'il n'est pas impossible que ces formes aient obéi aux mêmes règles d'orthographe du -*y* final que les noms [131]. Rappelons-les brièvement : présence du -*y* après les monosyllabes (cf. *cyty* /čīd/ 'entassé, empilé' [ŠH 10, 12] ; *dʾšty* /dāšt/ 'gardé ; éduqué' [ŠKZ 31, KKZ 14] ; *klty/krty* /kerd/ 'fait' [pour les références voir Gignoux 1972, 25sq.] ; *lšty* /rašt/ 'blessé' [NPi 28 E4,05 ; 28 E11,05]) [132] ; et, dans les polysyllabes, présence du -*y* après une syllabe atone à voyelle brève (*n̆ˣ V̆ y*, comme pour les infinitifs et les anciens participes en -*ta*- ; p. ex., *npšty* /nibišt/ 'écrit' [ŠKZ 27, etc.]) resp. absence après

---

[129] Manifestement, il s'agit ici d'un participe parfait passif, régi par une forme du verbe *framādan* ; pour les constructions possibles derrière ce verbe en moyen-perse voir Brunner 1977, 191f.

[130] Sur ce point voir Sundermann 1989, 150sq., avec bibliographie dans la note 99, et Klingenschmitt 2000, 207 avec n. 54.

[131] Qu'il soit rappelé ici que la désintégration du système des cas latins a commencé par les *participes* vers la fin de la période de l'ancien français, c.-à-d. vers le 13ᵉ – 15ᵉ s. Dans sa '*Ballade des Pendus*' par exemple, François Villon (1431-1463) a très souvent employé le nominatif là où, en fait, on attendrait d'autres cas.

[132] La seule exception apparente à cette règle †*gwpt* /guft/ 'dit' [ŠMŠ 5 [4ᵉ s.]] est à supprimer dans Gignoux 1972, 23 et à lire comme un nom de famille *gwptʾn* /Gōbedān/ d'après Frye/Skjærvø 1996, 54 (voir ci-dessus n. 25) ; il s'en suit que la forme du participe s'écrit elle aussi correctement avec -*y* final comme le prouvent plusieurs attestations de *gwpty* dans les inscriptions de Kerdīr (voir Gignoux, *ibid.*).

une syllabe tonique à voyelle longue (n^x V̆ Ø, comme pour les nouveaux participes, formés à l'aide de -*yt* /-īd/ [p. ex., *pwrsyt, ptwhyt*]).

La coexistence de formes avec et sans -*y* parmi les participes polysyllabiques s'explique sans doute par un conflit entre deux règles : un grand nombre de participes suit encore la règle générale que je viens de rappeler ; d'autres en revanche, toutes des participes composés, obéissent à la même règle que les noms verbaux contenant un préverbe en premier terme (cf. 4.7.3.), dont on se souvient qu'ils s'accordent aux mots simples [133]. Ainsi s'expliqueraient notamment des formes telles que *ʾpzwty* /abzūd/ 'augmenté, accru' (KKZ 15, etc.), avec le préverbe v.-iran. **upa°* ; *plmʾty* /framād/ 'ordonné' (ŠPs-II, 4), avec le préverbe v.-iran. **fra°* ; *nšʾsty* /nišāst/ 'établi, fondé', avec le préverbe v.-iran. **ni°* (pour les références voir Gignoux 1972, 30) ; elles présentent toutes un -*y* final, car les participes simples correspondants sont en effet des monosyllabes exigeant obligatoirement un -*y*. À l'évidence, le basculement d'une règle à l'autre n'était pas encore accompli dans les premiers siècles de l'époque sassanide, car on trouve la forme *plmʾt* /framād/ 'ordonné' (ŠH 11 [3ᵉ s.]), conforme à la règle générale, à côté de *plmʾty* (ŠPs-II, 4 [4ᵉ s.]), conforme, quant à elle, à la règle des participes composés.

(3) À partir des infinitifs et participes, la règle orthographique des noms s'est alors sans doute étendue par analogie aux formes verbales finies. Si cette hypothèse est exacte, elle expliquerait peut-être l'opposition entre les désinences de la 3ᵉᵐᵉ pers. sing. de l'indicatif **-(a)-ti* > mp. -*ty* [134] /-d/ [135] et

---

[133] Je rappelle qu'en grec aussi l'accentuation des participes (et des infinitifs) dans les verbes composés est la même que dans les verbes simples correspondants. Dans ces formes, par conséquent, l'accent ne frappe jamais un préverbe.

[134] La forme *plmʾdty* /framāyĕd/ (NPi 43 H7,02) est problématique : Skjærvø 1983b/ 3.1, 117 et 3.2, 118 la comprend soit comme une 2ᵉᵐᵉ pers. plur. impér. act. (désinence vp. <-t-a-> /-tā̆/, avest. -*tā̆*, indoar. anc. -*ta*, ie. **-te*) ; soit comme une 2ᵉᵐᵉ pers. plur. subj. act., si l'on considère la forme verbale précédant le début de la phrase comme un inf. act. [YKOYMWNtn] /ēstādan/ ou comme une 3ᵉᵐᵉ pers. sing. indic. prés. act. [YKOYMWNt] /ēstēd/, suivie d'une subordonnée introduite par *kū*. Quoi qu'il en soit, on attend dans aucun des deux cas un -*y* final pour *plmʾdty* ; la version parallèle en parthe, un peu mieux conservée, ne me paraît toutefois pas exclure définitivement une 3ᵉᵐᵉ pers. sing. indic. prés. act., forme qui serait en effet plus compatible avec la graphie d'un -*y* final.

[135] Plus tard, la désinence de la 3ᵉᵐᵉ pers. sing. indic. est évidemment devenue **/-aia-ti/* > mp. -*yt* /-ēd/ en pehlevi des livres (pour la désinence de la 3ᵉᵐᵉ pers. sing. indic. voir ci-dessus n. 74 et Klingenschmitt 2000, 210sq., qui exclut un résultat mp. /-ad/ — comme en persan moderne — pour la désinence thématique **-(a)-ti* [mp. inscr.

du subjonctif *-(a)-a-ti > mp. -ʾt /-ād/ [136]. Dans ce cas, cela serait aussi valable pour la 3ème pers. plur. des formes écrites non-hétérographiquement [137], dont la désinence remonte à *-(a)-nti (> mp. /-and, -end/) [138] : comparer le prés. hist. *wnlndy* /winnīrend/ 'ils/elles (se) préparaient (?)' (NPi 10 B9,05) [139]. Et ce qui vaut pour la désinence de la 3ème pers. sing. indic. prés. actif serait finalement aussi valable pour la 3ème pers. sing. indic. prés. moyen (?) : cf. *klyty* */kīrēd/ < *kr̥-i̯a-tai̯ 'il est fait' (ŠKZ 24, correspond à pa. *krhyd* */kirhēd/ dans ŠKZ 19 ; pour la forme du passif voir ci-dessous (5) *ʾkylydy* */akīrī/) [140].

-ty, pehl. *-d*] ; car là, où la désinence apparaît encore comme pehl. *-d* dans les livres zoroastriens, elle se retrouve dans des textes à peine influencés par le persan moderne au cours de la tradition).

[136] Comparer les subjonctifs avestiques en *-āt̰* avec *-t̰* comme allographe pour *-t* en fin absolue de mot.

[137] L'uniformisation des désinences décrite ci-dessus en 4.8. vaut pour les formes écrites hétérographiquement : comparer par exemple *HWEnd* /hēnd/ < v.-iran. *hai̯anti* 'ils/elles sont' (KKZ 13, 14 etc.). Dans les autres araméogrammes verbaux, la désinence de la 3ème pers. plur. s'écrit évidemment avec le complément phonémique mp. inscr. *-d*, correspondant à pa. *-nt* en position comparable (cf. Skjærvø 1989b, 334).

[138] Ici aussi (cf. n. 135), la désinence s'est développée en *-ai̯a-nti > mp. /-ēnd/ (cf. mp. man. *-y(y)nd*, pehl. *-ynd*) après la généralisation de la conjugaison des thèmes en *-ai̯a-*.

[139] La forme mp. inscr. †*ʾlndy* 'ils apportent' est à supprimer dans Gignoux 1972, 15 et à remplacer par celle indiquée ci-dessus dans le corps du texte avec Skjærvø 1983b/3.1, 130 ; mais contrairement à Skjærvø 1983b/3.2, 57 au §21, je crois que nous avons affaire dans ce passage de l'inscription de Pāikūlī non pas au verbe transitif /win(n)ārdan/ [pehl. *wynʾltn*], mais plutôt à son pendant intransitif /win(n)īrdan/ [pehl. *wynltn*ⁱ ; probablement avec *-ī-*, cf. mp. man. *wynyrdn*, car la forme est issue de *u̯i-ni-dri̯a-]). Le seul autre cas que j'ai pu relever en graphie non-araméographique dans les inscriptions pour la désinence de la 3ème pers. plur. mp. inscr. †*-ndy* /-ēnd/ est également à écarter : au lieu de mp. inscr. †*ptʾp(ywndy)* 'ils marquent' (Gignoux 1972, 32), il faudrait maintenant lire mp. inscr. *ptʾdn[-* (NPi 22 D11,05) comme Skjærvø 1983b/3.1, 120 et 3.2, 79 au §95.

[140] Comme le vieux-perse ne possédait plus de formes passives au sens strict, les nouvelles formes finies du passif en moyen-perse se formèrent à l'aide d'un suffixe *-ái̯a- > mp. /-ē-/ et de désinences primaires actives, telles que *-ti > mp. /-d/ dans la 3ème pers. sing. ; pour cette raison, les objections de MacKenzie 1982, 288 contre la forme vp. †*kryatai*, supposée par Back 1978, 226 me paraissent tout à fait justifiées. Malheureusement, le scribe de l'inscription a fait à plusieurs reprises de petites fautes d'orthographe (sur ce point voir MacKenzie 1989, 70), si bien qu'il n'est plus possible de décider si les formes mp. inscr. *ky(l)yt* (KNRb 12) et *kylyt* (KNRb 16) sont effectivement des formes secondaires sans *-y* ou tout simplement des fautes

Dans les désinences de la 3ème personne (sing./plur., indic./subj., act./ pass.) le vp. -*i* avait évidemment disparu depuis longtemps, si bien que le -*y* final qui apparaît à sa place en proto-moyen-perse ne peut nullement être considéré comme sa suite directe. Si toutefois, comme nous venons de le supposer, le -*y* a gagné secondairement les verbes à partir des infinitifs et des participes parfaits passifs, il n'est plus impensable que les mêmes règles des noms aient pu opérer dans les formes verbales finies, c.-à-d. présence du -*y* après une syllabe atone à voyelle brève (*ń*^x V̆ *y*, comme à l'indicatif) resp. absence après une syllabe tonique à voyelle longue (*n*^x V̄ Ø, comme au sub-jonctif). De ce point de vue, l'opposition entre l'indicatif mp. -*ty* /-d/ (p. ex. dans KSM 51 *nmʾdty W-hn(d)t(y)* /nimā́yed ud xánded/ 'il montre et rit') et le subjonctif mp. -ʾt /-ād/ (p. ex. dans ŠKZ 27 *ptwdʾt* /pattuyā́d/ '(aussi long-temps) qu'il suffit') prend tout son sens [141].

(4) Dans les formes de la 1ère personne (cf. par exemple *prmʾywmy* /framā́yom/ 'j'ordonne' [ŠKZ 24], *whycwmy* /wihēzom/ 'je quittais' (prés. hist.) [NPi 9 B1,04-12,04]), il n'est plus toujours possible de déterminer avec certitude si une forme est au singulier ou au pluriel, en d'autres mots, si elle remonte à *-mi* (plus récent : *-aia-mi*) ou *-mahi* (plus récent : *-aia-mahi*). En tout cas, la voyelle de la désinence -*wmy* /-ŏm/ était brève, si bien qu'on peut supposer que, par analogie, les règles d'orthographe pour les noms sont devenues valables pour ces formes verbales aussi.

(5) Dans les formes du passif en -*ydy* (cf. *ʾkylydy* */akīrī/ 'il était fait' [KKZ 9, 10 etc.]) et -*yhy* (cf. *ʾpzʾdyhy* /abzāyī/ 'il était augmenté, accru' [KKZ 2, 5, 6, 10 etc.], *gwkʾnyhy* /gugānī/ 'il était dévasté' [KKZ 10 etc.] et *wyšwpyhy* /wišōbī/ 'il était détruit' [KKZ 10 etc.]) < indic. impf. pass. */-iia/ (voir Henning 1958, 102 avec n. 2), comme dans les formes — attestées seulement à travers des araméogrammes — de la 2ème pers. sing. du subj. (*OBYDWNʾy* /kunā/ '(que) tu fasses' [ŠMŠ 19] et *YDOYTNʾy* /danā/ '(que) tu saches' [KKZ 3]) avec mp. -ʾy /-ā/ (cf. mp. man. -ʾy /-āy/) < */-āh-i/ [142], le

---

    d'orthographe.

[141]   Dans ce cas aussi on peut fournir un parallèle entre le proto-moyen-perse et l'ancien français : dans la '*Séquence de sainte Eulalie*' (vers 900 ap. J.-C.) la même opposi-tion entre '(anté-)pénultième tonique + syllabe finale atone' (indic.) d'une part et 'syllabe finale tonique' (subj.) d'autre part a notamment été employée pour distin-guer l'indicatif présent du subjonctif présent : comparer par exemple l'indicatif *laísse* 'il/elle laisse' : subj. *laíst* 'qu'il/elle laisse' (en revanche, cette distinction a disparu en français moderne).

[142]   En moyen-iranien, on peut encore facilement reconnaître la désinence originale dans la graphie conservatrice de pa. man. -ʾ(*ẖ*) /-ā(h)/.

-*y* final après voyelle longue a probablement subi la même évolution qu'après les noms se terminant par -*yd-y*, -*yh-y*, -*ʾ-y*, d'où découlaient les graphies insolites pour /-ē/, /-ī/ et /-ā/ (cf. ci-dessus 4.7.4.).

5. LA 'LOI RYTHMIQUE' PROTO-MOYEN-PERSE DANS SON DÉVELOPPEMENT HISTORIQUE AVEC SES CONSÉQUENCES

5.1. Les premiers signes d'un profond changement se font déjà visibles dans le système grammatical du vieux-perse tardif, car toute la flexion des noms, pronoms et verbes se simplifie considérablement à cause de la diminution du nombre de formes différentes. À l'origine de cette évolution se trouve le caractère expiratoire renforcé de l'accent des mots ('accent d'intensité') ; le poids de la pénultième a certainement joué un rôle important dans ce processus, en provoquant dans un premier temps la réduction des voyelles posttoniques, ensuite leur chute totale (syncope), pour aboutir en fin de compte à la perte des syllabes finales (apocope) et donc des désinences. Pour cette raison, les catégories grammaticales de genre, cas et nombre, tout comme les différentes classes de formations radicales, ont en majeure partie disparu parmi les noms et pronoms. Pour les verbes, il fallait en conséquence construire un nouveau système de prétérits, basé sur des formations périphrastiques à partir du participe parfait passif et des formes finies des auxiliaires : en définitive, la diversité des classes du présent en vieil-iranien a été remplacée par quelques néoformations et le système verbal a été de la sorte simplifié.

5.2. Pour les noms et pronoms, le raccourcissement ou la perte des désinences des cas vieux-perses, déclenchés par un accent dynamique plus fort, a d'abord mené à un système à deux cas (direct et oblique), avec un seul genre et deux nombres (singulier et pluriel) ; en moyen-perse des inscriptions, ce système est encore présent chez les pronoms, ainsi que dans les thèmes en -*r*- et — dans une moindre mesure — en -*u*- des noms. On constate cependant une tendance incontestable à privilégier un système avec un seul 'cas universel', atteint dans une troisième phase du système nominal (atteint en persan moderne dans le système pronominal) ; mais tandis qu'en sogdien les désinences du nominatif ont en fin de compte largement prévalu sur les autres terminaisons, en moyen-perse c'est la désinence du cas oblique marqué qui s'est imposée dans les deux nombres restants, dès lors que la désinence du cas direct a été réduite à un morphème zéro.

5.3. De ce système à deux cas est issue la désinence du cas oblique singulier, qui devient en définitive la désinence du seul cas dans le système à cas universel qui a pris sa suite ; il est probable qu'elle provienne (entre autres ?) de la désinence vieux-perse du gén. sing. masc. *-aha̦ya* des thèmes en *-ă-*, comme l'avait déjà soupçonné Andreas, il y a plus d'un siècle. Théoriquement, on peut penser, avec Bartholomae, que les désinences vieux-perses du loc. sing. masc. *-ay-ā* des thèmes en *-ă-*, du gén.-abl.-loc.-instr. sing. fém. *-āyā(h)* des thèmes en *-ā-* et de l'abl.-loc. sing. masc./fém. *-iyā(h)* des thèmes en *-ĭ̄-* entrent autant en ligne de compte, mais cela reste très difficile à prouver ; en tout cas, une réduction de toutes ces désinences en position posttonique aurait fait aboutir la source de l'énigmatique *-y* final des inscriptions moyen-perses à ´*-y* / *-ĕ̄*(h) /.

5.4. Le succès de cette nouvelle désinence du cas oblique *-y* /-ĕ̄/ (indépendamment de son origine) sur toutes les autres est sûrement imputable à la chute des désinences verbales, conséquence de l'intonation renforcée des pénultièmes syllabes vers la fin de la phase vieux-perse. Suite à cela, un tout nouveau système verbal s'est mis en place, ayant surtout eu des corollaires dans le prétérit, qui ne reposait plus désormais sur des désinences de flexion analytiques, mais commençait à se servir de formations périphrastiques à partir d'anciens participes parfaits passifs. Ces formations nouvelles ont dès lors été utilisées dans des constructions agentives, dans lesquelles l'agent devait être exprimé par définition. Cela se faisait au moyen du cas oblique, si bien que celui-ci remplissait la même fonction grammaticale que le cas direct dans des phrases actives. La généralisation du cas oblique comme cas unique devenait à la longue inéluctable, une fois la désinence du cas direct complètement tombée.

5.5. Les circonstances dans lesquelles un *-y* final doit être attaché à un nom ou pas ne se laissent préciser qu'à l'aide de l'accentuation et de la longueur vocalique. Pour les *noms* proto-moyen-perses, la règle de base que nous allons énoncer commence à s'imposer ; elle est encore en vigueur et visible dans les toutes premières inscriptions sassanides : "<u>La valeur phonétique du *-y* final est Ø ; il ne constitue donc pas une syllabe autonome. Les noms monosyllabiques portent toujours l'accent sur leur unique syllabe et présentent toujours un *-y* final. Les noms di- et polysyllabiques présentent un *-y* final quand la dernière syllabe est atone et contient une voyelle brève ; si, en revanche, la syllabe finale porte le ton et contient une voyelle longue, il</u>

n'y a pas de -*y* final". Il existe certes des exceptions à cette règle de base, mais elles s'expliquent toujours par des raisons impératives d'analogie ; en particulier, les mots composés (par exemple, les composés ayant **-pati-* comme terme ou les noms verbaux à voyelle longue, y compris les participes parfaits passifs) et les dérivés (comme les (pro-)patronymiques) se conforment aux mots simples resp. aux mots-base pour l'accentuation et la présence du -*y* final qui en dépend.

5.6. Mais il y a encore une autre anomalie parmi les noms se terminant par une voyelle longue. Au fil du temps et pour différentes raisons, la nécessité de marquer d'une façon plus nette la voyelle longue en fin absolue de mot s'était fait sentir ici, dès que le -*y* final s'était développé à néant. Au fur et à mesure, une nouvelle orthographe s'est constituée, qui à partir de là a gagné les désinences des formes verbales finies et — en partie — des indéclinables aux mêmes voyelles longues finales (adaptation de l'orthographe à l'orthoépie). Quant à l'accentuation du verbe moyen-perse, rien ne peut être établi avec certitude, mais l'accentuation divergente des noms (avec l'accent sur la syllabe finale, c.-à-d. sur l'ancienne pénultième) par rapport aux verbes (ayant, dans l'ensemble, un accent récessif) en persan moderne porte à croire que cette opposition existait déjà dès la phase moyen-perse [143]. Quoi qu'il en soit, d'autres formes verbales avaient déjà été influencées simultanément (sinon auparavant ?) par analogie avec la graphie du -*y* dans les noms : puisque les infinitifs et les participes parfaits passifs sont au fond des noms verbaux (substantifs ou adjectifs), ils se sont également conformés de la même façon aux règles d'orthographe des noms. De même, dans les indéclinables (adverbes, pré- et postpositions, particules, conjonctions), qui — comme l'indique déjà leur nom — ne peuvent être déclinés, l'influence du -*y* des noms était perceptible dans la mesure où les adverbes dont la composition est encore transparente et qui remontent à une forme nominale au cas oblique ont repris ce -*y* (dans ce cas justifié) en même temps que le nom. Par contre, si l'adverbe remonte à une forme casuelle déjà figée à l'époque du vieil-iranien, il ne présente pas de -*y* final.

5.7. En tenant compte de toutes ces exceptions, on peut reformuler comme suit la 'loi rythmique', telle qu'elle était en vigueur en proto-moyen-perse et *avant* qu'elle ne soit atteinte par l'effet de l'analogie destructrice du

---

[143] Comparer le grec, qui a relativement bien conservé la place de l'accent indo-européen dans les catégories nominales, mais a réalisé un changement radical pour le verbe, dans la mesure où l'accent devenait récessif et pouvait remonter aussi loin que possible de la fin du mot que le permettait la loi de limitation des trois mores.

système (affectant notamment le système verbal) : "En proto-moyen-perse, le -*y* final des noms — restant muet d'une désinence ayant subi l'effet de l'intonation — tombe à la fin des noms polysyllabiques qui ne sont ni composés ni dérivés (ceux-ci se conformant aux mots simples resp. mots-base), après une syllabe finale tonique à voyelle longue, à condition que cette dernière ne se trouve pas en fin absolue du mot ; dans tous les autres noms, le -*y* se maintient".

Formulée de cette manière, la 'loi rythmique' devient peut-être compréhensible pour un spécialiste en linguistique historique de la langue perse, mais il me paraît improbable qu'un scribe quelconque de la chancellerie sassanide ait pu ainsi l'appliquer instantanément et sans hésitation. Pour savoir s'il fallait écrire un -*y* ou non, son raisonnement a dû forcément être d'un ordre beaucoup plus pratique. On pourrait imaginer une application mécanique, basée sur une réflexion réduisant la loi à son essence : "Tout monosyllabe prend un -*y* final ; en revanche, les polysyllabes ne présentent un -*y* final que si la syllabe finale du mot contient une voyelle brève ou si le mot se termine par une voyelle longue". D'un tel point de vue pratique, la loi ne concerne plus que les seuls noms simples, et couvre aussi un grand nombre de noms composés et dérivés, ainsi que les adverbes et de nombreuses formes verbales ; il reste toutefois des exceptions, pour lesquelles je ne vois d'autre solution qu'un apprentissage mémorisé (leur nombre était somme toute assez réduit : quelques monosyllabes dont les noms se terminant en -*w*, les composés avec **-pt(y)*, les noms verbaux ayant une syllabe à voyelle longue, les abstraits formés à l'aide du suffixe -*yh* /-īh/, les pluriels des noms en -*wny*, et — en partie — les participes parfaits passifs, pour lesquels on peut constater une hésitation entre deux normes applicables).

5.8. Au tournant du 4e au 5e s., le -*y* final a subi un changement fonctionnel ; il est devenu purement et simplement un signe final, n'apparaissant qu'après un nombre restreint de lettres comme en pehlevi des livres. Pendant un certain temps, le -*y* a su garder sa fonction originale à côté de la nouvelle, jusqu'à ce que cette dernière l'emporte finalement et remplace entièrement l'ancienne fonction en pehlevi des livres. D'un point de vue purement formel, le trait final s'est peu à peu substitué à partir de ce moment au -*y* final, comme nous le savons pour les livres zoroastriens. Outre le matériau attesté dans les inscriptions, ajoutons un argument supplémentaire pour ce genre de développement ; dans la version moyen-perse du psautier, datant peut-être du 4e s. (sur ce point, voir Skjærvø 1983a, 178sq.), on appliquait en majeure partie — même si cela ne se faisait plus de manière rigoureuse — les règles de la 'loi rythmique' proto-moyen-perse, tandis que dans les légendes sur les sceaux du 6e s. la convention transitoire (présence du -*y* final, où un trait final ᶦ est attendu) coexistait manifestement — avec des hésitations occasionnelles — en parallèle au nouveau système (c.-à-d., avec le trait final ᶦ appliqué correctement) [144] et dans les papyrus moyen-perses du 7ᵉ ap. J.-C. provenant de l'Égypte n'apparaît que le trait final — mais pas encore de manière cohérente — après une des 'six' lettres (voir Huyse 1995, 364). Le développement que je viens de décrire a même causé le remplacement non justifié du *yōd* final araméen par un trait final dans l'araméogramme *ABY* /pid/ 'père' (cas direct), attesté dans la traduction moyen-perse du *Wīdēwdād*, si bien que nous n'y trouvons que la forme pehl. *AB'* (cf. Cantera Glera 1999, 200) au lieu de **ABY* comme dans les inscriptions (en fait, seule la forme oblique *[A]BYtr* est attestée dans ŠPs-I 10) [145].

5.9. Avec beaucoup de sagacité Henning avait déjà reconnu comment se produisit sur le plan paléographique le passage d'une désinence *-y* d'un cas universel à un pur signe final [146] ; pareille transformation a par ailleurs eu

---

[144] Comparer par exemple les formes suivantes (toutes les références ont été empruntées à Gignoux/Gyselen 1982, 170-79) : 1. d'après la convention transitoire : *'sb'l* /āsbār/ 'cavalier', *gwšnspy* /Gušnasp/ [n. pr. masc.], *plhwy* /farrox/ 'heureux, joyeux' ; 2. d'après la nouvelle règle : *'pzwn'* /abzōn/ 'prospérité', *d'tplhw'* /Dād-Farrox/ [n. pr. masc.], *d'tgwšnsp'* /Dād-Gušnasp/ [n. pr. masc.], *plhw'* /farrox/ 'heureux, joyeux'. Les formes attestées sur quelques sceaux récemment publiés sont particulièrement instructives étant donné qu'elles peuvent être datées très probablement des époques de Husrō I (531-579) et Ohrmezd IV (579-590). Cette datation plus ou moins précise permet presque — pour ce qui est de l'orthographe 'officielle' — de fixer dans le temps l'abandon de la convention de transition introduite au 5ᵉ s. en faveur de la nouvelle réglementation avec le trait final (pour les références précises, voir Gyselen 2001, 35-46). Car alors que dans les légendes des sceaux du souverain cité en premier sont attestées des formes telles que *kwsty* /kust/ 'région, district', *nymlwcy* /nēmrōz/ 'sud' et *sp'hpty* /spāhbed/ 'général' (au 6e s., ce titre correspondait toutefois à une fonction administrative et non plus exclusivement militaire), ayant un *-y* final après *-t-* resp. *-c-*, ce qui répond à la règle d'orthographe transitoire (en effet, selon l'᾽ancien' système du 3ᵉ s., on aurait dû écrire *nymlwc* resp. *sp'hpt* pour ces deux noms), les légendes du deuxième souverain présentent les formes *kwst'*, *nymlwc'* et *sp'hpt'* aux endroits correspondants, écrits selon le nouveau système avec trait final.

[145] L'inscription proto-moyen-perse sur une coupe d'argent, publiée par Skjærvø 1997, 93 et datant probablement de l'époque du roitelet perside Ardaxšīr II (2ᵉ moitié du 1ᵉʳ s. av. J.-C. ?), sort vraiment de l'ordinaire, puisque le *-y* final n'y est pas du tout utilisé ! Néanmoins, il ne peut y avoir le moindre doute quant au fait que cette inscription soit rédigée en proto-moyen-perse (cf. ci-dessus n. 20).

[146] Il est possible de reconnaître de façon quasi exemplaire le développement paléographique (et historique) du *-y* final vers le trait final par le mot *'pst'n* /abestān/ 'confiance, refuge, support' < v.-iran. **upa-stāna-* (cf. NPi 6 B2,01 mp. *'pst'm*, pehl. *'p̄st'm*, *'p̄st'n'*, pāz. *awastąm* ; arm. *apastan* '(endroit de) refuge'), pour lequel sont

lieu dans le cas du -o final en bactrien : dans les inscriptions du 2ᵉ s. ap. J.-C. nous pouvons encore observer le processus de transition vers un simple signe final. Il est fort probable qu'il faudrait chercher la cause et le déclencheur direct de cette conversion en moyen-perse parmi les participes, utilisés fréquemment, et peut-être aussi parmi les nombreux anthroponymes se terminant par les suffixes /-ag/ et /-ig/. Pour les participes, le -*y* final avait été employé jadis à des endroits où, selon la règle de base, il n'avait pas lieu d'être, jusqu'à sa généralisation ; pour les nombreux anthroponymes avec les suffixes hypocoristiques déjà mentionnés, on pouvait de toute façon attendre le -*y* final, étant donné que la syllabe finale contenait une voyelle brève, grâce précisément à ces suffixes. Force est de constater que font partie des 'six' lettres mp. -*t* (< v.-iran. *-*ta*-) des participes fréquemment employés aussi bien que mp. -*k* (< v.-iran. *-*aka*-, *-*ika*-) des anthroponymes non moins souvent utilisés. Pour cette raison, la confusion entre la fonction réelle de -*y* et son interprétation comme trait final s'est vraisemblablement transmise par analogie à partir de là (et peut-être aussi à partir du -*t* des formes du subjonctif présent et du -*n* de l'infinitif).

---

attestées plusieurs variantes graphiques dans les légendes des sceaux (cf. Gignoux/ Gyselen 1982, 171) : *ʾp(y)stʾn* (ancien système ; sans -*y* après une syllabe finale à voyelle longue) > *ʾpstʾny* (règle de transition ; avec -*y* après -*n*-) > *ʾpstʾnw* ([sic] ; à mon avis, le '-*w*-' devrait plutôt être interprété comme un -*y* arrondi et penché vers l'avant, d'après le sens suggéré par Henning [cf. ci-dessus n. 5], voir la photo dans Gignoux/Gyselen 1982, pl. XXI n°. 40.26) > *ʾpstʾnʲ* (nouveau système ; avec trait final après -*n*-).

ÉPILOGUE

Par le présent ouvrage, j'espère avoir fourni une explication convaincante de l'énigmatique *-y* final, interprétation attendue des iranistes depuis maintenant plus d'un siècle, même si tous les détails problématiques n'ont pas été résolus et ne peuvent probablement l'être dans les limites du matériau encore disponible ; en même temps, j'espère avoir ainsi contribué à une étude approfondie de l'accentuation iranienne, tant désirée déjà par Hirt 1929, 197.

La simplicité des règles orthographiques pour le *-y* final a sans doute contribué à sa survivance dans les premières inscriptions moyen-perses alors qu'il était déjà devenu muet depuis longtemps et que vraisemblablement personne ne se souvenait de sa réelle origine. Au début, le système ne reposait au fond que sur le principe extrêmement simple du nombre des syllabes (mono- versus polysyllabique) et de la longueur des voyelles dans la dernière syllabe (et non pas leur poids), si bien que même le plus inexpérimenté des scribes de la chancellerie sassanide pouvait l'apprendre rapidement et sans difficulté. Mais à peine un ou deux siècles plus tard, l'effet lancinant de l'analogie s'est fait sentir, rendant les normes originales tellement opaques que le signe en fin de mot acquérait peu à peu une nouvelle fonction dont le développement paléographique est encore facile à suivre. Dans une certaine mesure, on pourrait même dire que l'orthoépie des noms a d'abord influencé par analogie l'orthographe des verbes et autres catégories de mots quant à la présence ou absence du *-y* final, et qu'ensuite l'orthographe des verbes a influé à son tour sur celle de toutes les autres catégories de mots, jusqu'à ce que le système définitif du trait final s'implante en pehlevi des livres.

Les pages de cette étude contiennent nombre de phrases conditionnelles et de locutions telles que 'peut-être', 'sans doute', 'vraisemblablement', 'probablement', etc. Soucieux de résoudre le mystère du *-y* final dans les inscriptions moyen-perses, je me suis à tout moment efforcé de formuler hypothèses et conclusions avec la plus grande prudence. Je n'ai cessé en tout cas d'inclure dans mes réflexions *tout* le vocabulaire des inscriptions, comme en témoigne pour terminer l'index de ces mots moyen-perses et autres.

Langues iraniennes

vieil-iranien (v.-iran.)

[^1]: *'*

CAHIERS DE STUDIA IRANICA

ISSN 0993 - 8699

Cahier 1 (1982)   Ph. GIGNOUX et R. GYSELEN
SCEAUX SASSANIDES DE DIVERSES COLLECTIONS PRIVÉES

Cahier 2 (1984)   R. CURIEL et R. GYSELEN
UNE COLLECTION DE MONNAIES DE CUIVRE ARABO-SASSANIDES

Cahier 3 (1985)   Jean DE MENASCE
ÉTUDES IRANIENNES

Cahier 4 (1987)   Ph. GIGNOUX et R. GYSELEN
BULLES ET SCEAUX SASSANIDÈS DE DIVERSES COLLECTIONS

Cahier 5 (1986)   Ph. GIGNOUX (ed.)
TRANSITION PERIODS IN IRANIAN HISTORY

Cahier 6 (1988)   H. DESMET-GREGOIRE et P. FONTAINE
*LA RÉGION D'ARAK ET DE HAMADAN : CARTES ET
DOCUMENTS ETHNOGRAPHIQUES*

Cahier 7 (1989)   C.H. de FOUCHÉCOUR et Ph. GIGNOUX (edd.)
ÉTUDES IRANO-ARYENNES OFFERTES À GILBERT LAZARD

Cahier 8 (1991)   Dastur F.M. KOTWAL and J.W. BOYD
A PERSIAN OFFERING. THE YASNA: A ZOROASTRIAN HIGH LITURGY

Cahier 9 (1991)   Ph. GIGNOUX
*LES QUATRE INSCRIPTIONS DE KIRDĬR. TEXTES ET
CONCORDANCES*

Cahier 10 (1992)   F.M. KOTWAL and P.G. KREYENBROEK
THE HĒRBEDESTĀN AND NĒRANGESTĀN. VOL. I. HĒRBEDESTĀN

Cahier 11 (1992)   Ph. GIGNOUX (ed.)
*RECURRENT PATTERNS IN IRANIAN RELIGIONS: FROM MAZDAISM
TO SUFISM*

Cahier 12 (1992)   M. SZUPPE
ENTRE TIMOURIDES, UZBEKS ET SAFAVIDES

Cahier 13 (1993)   Ph. GIGNOUX et A. TAFAZZOLI
ANTHOLOGIE DE ZĀDSPRAM. Texte traduit et commenté

Cahier 14 (1994)   F. de CALLATAŸ
LES TÉTRADRACHMES D'ORODÈS II ET DE PHRAATE IV

[ISBN 2-910640-00-0]

Cahier 15 (1995)   J. AUBIN
*ÉMIRS MONGOLS ET VIZIRS PERSANS DANS LES REMOUS DE
L'ACCULTURATION*   [ISBN 2-910640-01-9]